消费主义
如何操控我们

[英]齐格蒙特·鲍曼 著

李康 译

Consuming Life

Zygmunt Bauman

文匯出版社

图书在版编目（CIP）数据

消费主义如何操控我们 / （英）齐格蒙特·鲍曼著；李康译. -- 上海：文汇出版社, 2024.11. -- ISBN 978-7-5496-4349-3

Ⅰ. D719.568.3

中国国家版本馆 CIP 数据核字第 2024D7M001 号

Consuming Life
Copyright © 2007 by Zygmunt Bauman
This edition is published by arrangement with Polity Press Ltd., Cambridge.
Simplified Chinese translation copyright © 2024 by Dook Media Group Limited.
All rights reserved.

中文版权 © 2024 读客文化股份有限公司
经授权，读客文化股份有限公司拥有本书的中文（简体）版权
著作权合同登记号：09-2024-0735

消费主义如何操控我们

作　　者 /	［英］齐格蒙特·鲍曼
译　　者 /	李　康
责任编辑 /	张　溟
执行编辑 /	唐　铭
特约编辑 /	徐　成
封面设计 /	余展鹏
出版发行 /	**文匯**出版社
	上海市威海路 755 号
	（邮政编码 200041）
经　　销 /	全国新华书店
印刷装订 /	天津联城印刷有限公司
版　　次 /	2024 年 11 月第 1 版
印　　次 /	2025 年 5 月第 2 次印刷
开　　本 /	787mm×1092mm　1/32
字　　数 /	145 千字
印　　张 /	9.5

ISBN 978-7-5496-4349-3
定　　价 / 69.90 元

侵权必究
装订质量问题，请致电010-87681002（免费更换，邮寄到付）

献给最佳编辑安·博恩

目 录

序　言　或曰，消费者社会守护最严的秘密　001

第一章　消费主义与消费　045

第二章　消费者社会　095

第三章　消费主义文化　149

第四章　消费主义的附带损害　211

注　释　273

索　引　283

序　言
或曰，消费者社会守护最严的秘密

序言 或曰，消费者社会守护最严的秘密

> 争取承认，争取获得社会承认的社会存在，概言之，争取人性，在这样的符号斗争中，失败者所遭到的剥夺或许是最糟糕的剥夺，所经历的丧失或许是最糟糕的丧失。
>
> ——皮埃尔·布尔迪厄
> 《帕斯卡尔式的沉思》[1]

在我们日益"连线"的社会里，或者更准确地说，在这个越来越**无线**的社会中，习惯正在快速变化，来看看三个随机挑选的事例。

事例一。2006年3月2日，《卫报》（*The Guardian*）宣布："在过去的12个月里，'网络社交'已经从下一桩大事情变成了事情本身。"[2] "聚友网"（MySpace）在此前一年还是新出现的"社交网络"媒介毫无争议的引领者，访问量增长了6倍，而其竞争对手"Spaces.MSN"网站的点击量是前一年的11倍，"Bebo.com"的访问量增长了61倍。

增长固然令人印象深刻——即便像做此报道时的互联网新秀"Bebo"所取得的惊人成功，也可能仍然被证明是昙花一现。一位研究互联网时尚趋势的专家警告道："今年的前十名，至少有40%将在明年此时杳无踪影。"他解释说："推出一个新的社交网站，就像新开一家住宅区酒吧。"（仅仅因为它是最新的**那一个**，是全新的或刚翻新并重新推出的门面，这样的住宅区酒吧就会吸引巨大的流量，"然后开始消退，就像喝酒上头后第二天会宿醉一样"，将其吸引力传递给永不松懈的"最潮"接力赛中的"下一棒最新"，最新的"满城争说"，以及"有头有脸的人都得露个面儿"的地方。）

一旦它们在学校里或是实体和电子社区里站稳脚跟，"社交网站"就会以"极其致命的感染"速度传播。瞬息之间，它们就不再是众多选择中的一个，而是变成人数激增的年轻男女的默认地址。显然，电子社交

序言　或曰，消费者社会守护最严的秘密

的发明者和推动者已经激发出人们的共鸣——或是触动了一条紧绷的敏感神经，长久以来，它一直等待着一种恰当刺激的到来。他们可能大有理由自诩满足了某种真实、广泛和迫切的需要。那种需要会是什么？"社交网络的核心就是个人信息的交流。"用户乐于"透露他们个人生活的私密细节"，"发布准确的信息"和"分享照片"。据估计，13～17岁的英国青少年当中，有61%"在某个社交网站上发布个人简介"，从而可以"在线社交"。[3]

在英国，尽管尖端电子设备的普及使用在赛博时间上滞后于远东地区，该国的用户仍然可以信任"网络社交"来表达他们的选择自由，甚至相信，这是年轻人表达叛逆和自我主张的一种手段（他们对于自我暴露的前所未有的热情，受着网络的诱发，通过网络来实现，这种热情在他们那些满脑子只想着安全的老师和家长当中，一天天地触发恐慌警告，再加上要求学校服务器屏蔽"Bebo"之类网站的校长们神经紧张的反应，都使得上述假设变得越发可信）。但像在韩国，大多数社交生活已经是例行化地以电子为媒介（或者更确切地说，社交生活已经变成了某种**电子**生活或**赛博**生活，大多数"社交生活"主要是在电脑、iPod或手机的陪伴下进行的,其次才是与其他血肉之躯的往来),对年轻人来说,显然,他们甚至连选择的机会都没有;在他们生活的地方,以电子方式过社交生活不再是一种选择,而是一种"要么接受,要么离开"的必然。在韩国的"展示和讲述文化"中,网络市场的引领者是"赛我网"(Cyworld),尚未连上该网站的人已经很少,等待着他们的是"社会性死亡"。

3　　然而,如果假定说,公开展示"内在自我"的冲动,以及满足这种冲动的意愿,都是青少年纯粹代际性的、与年龄相关的独特冲动/成瘾表现,那就大错特错了。他们固然发乎本性地很想在"网络"(无论是在社会科学话语中,还是在民众流行言论里,这个术语都在迅速取代"社会")中站稳脚跟,并留在那里,但并不太确定如何能够最好地实现这一目标。至于对公开自曝(confession)的新偏好,也不能用"特定年龄"的因素——至少不能单凭这类因素——来解释。最近,欧仁·恩里克斯(Eugène Enriquez)基于从液态的现代消费者世界所有领域收集的快速增长的证据,总结出如下讯息:

> 只要人们没忘记，此前看不见的东西——每个人的亲密关系，每个人的内心生活——现在被要求在公共舞台上（主要是在电视屏幕上，也在文字舞台上）暴露出来，人们就会明白，那些注重自己不被看见的人，注定会被拒绝，被推到一边，甚或涉嫌犯罪。身体、社会和心理等维度上的裸露，成了日常风气。[4]

配备便携式电子自曝室（confessionals）的青少年，其实只是主动训练在自曝社会（confessional society）中生活的艺术或接受这种培训的学徒——这个社会恶名昭著，它抹去了曾经将私人与公共分开的界限，将公开揭露私事视为公共美德和义务，并将所有拒绝被化约为私人信任的东西，以及那些拒绝信任它们的人，从公共传播中一并抹除。正如一家监督机构的负责人吉姆·甘布尔（Jim Gamble）向《卫报》承认的那样："它代表了你在学校操场上看到的一切——唯一的区别是，在这个操场上，没有任何老师、保安或调解人会关注正在发生的事情。"

事例二。同一天，不过是在另一位编辑主持的完全不同的、主题没有关联的版面上，《卫报》还告诉读者："根据你对你所致电的公司的价值，计算机系统被用来更有效地冷落你。"[5]计算机系统能够储存客户的记录，从"1"到"3"逐一标记："1"意味着一等客户，他们在致电的那一刻立即得到回应，并迅速被转接到某位高级代理，而"3"（按照公司行话对他们的笼统概括，他们被称为"小鱼小虾"）会被扔在队尾等候——他们在最终被接通时，会被转接到最基层的代理。

和事例一类似，在事例二中，新的做法也很难归咎于技术。改进后的新软件拯救了某些管理人员，他们**已经**迫切需要对不断增多的致电者进行分类，以便更加利落地实施那些互不相通、彼此排斥的**现行**做法，后者至今仍借助原始工具——DIY（自制）或家庭手工业产品，这些产品更耗时，效率显然也更低。其中一家提供并运营此类系统的公司的发言人指出："技术只会使我们现有的流程真正到位，使它们更有效率。"这意味着即时和自动，使公司的员工不用再承担汇集信息、研究记录、做出判断并为每通电话做出单独决定的烦琐职责，也免除了对其结果的责任。如果缺乏合适的技术装备，他们就不得不通过费神思考、消耗大量宝贵的公司时间，来评估致电者为公司带来的预期盈利：致电者可支配的现金或信贷额度，以及致电者花钱的意愿。"公司需要筛选出最不值钱的客户。"另一位高管解释道。换句话说，公司需要一种"负向监控"（negative surveillance），即乔治·奥威尔（George Orwell）笔下老大哥式的或全景敞视式的（Panopticon-style）监控的逆向使用，一种像筛子一样的装置，主要用于将并不想要的人**拒之门外**，并将常客留在里面：上述的筛选操作被重新定义为清洁工作做到极致的最终效果。这些公司需要一种方法来向数据库输入信息，这些信息首先能够切除"有缺陷的消费者"——消费主义花园中的那些杂草，那些缺乏现金、信用卡和/或购物热情的人，要不就是对市场营销的花言巧语免疫的人。因此，作为负向筛选的结果，只有那些资金丰厚、心怀渴求的玩家才会被允许留在消费主义游戏中。

事例三。几天后，又一位编辑在另一个版面上告诉读者，英国内政大臣查尔斯·克拉克（Charles Clarke）宣布了一项新的"基于积分"的移民制度，"以吸引最聪明、最优秀的人"[6],当然,也要驱逐和阻拦其他各种移民,即使克拉克声明的这一部分在公开新闻稿中很难被发现——要么被彻底勾除,要么被缩小字号。新制度旨在吸引谁?那些拥有最多投资资金和最多赚钱技能的人。内政大臣说:"这将使我们能够确保,只有那些拥有英国所需技能的人才能来到这个国家,同时防止那些没有这些技能的人申请。"该制度将如何运作?例如,来自新西兰的年轻女子凯伊(Kay)拥有硕士学位,但薪水低得可怜,未能达到使她有资格申请移民的75分。她需要首先从一家英国公司获得工作机会,然后积攒对她有利的记录,以证明她的技能是"英国需要的"类型。

当然,查尔斯·克拉克不会宣称,将选择货架上最优商品的市场规则转用来选择人是自己的首创。正如他的法国同行,即下一任法国总统热门候选人尼古拉·萨科齐(Nicolas Sarkozy)所指出的那样,[1] "世界

---

1 本书出版于2007年,而萨科齐于2007年至2012年担任法国总统,他是法国传统右翼代表,支持自由市场经济,主张减轻企业社会福利负担和税收负担,力主改革现行的社会福利和劳工制度,强调法国的"国民性"以及加强对移民的控制。——译者注

上几乎所有民主政体都实行选择性移民",他接着要求"法国应该有能力根据自己的需要选择移民"。[7]

三个事例,刊载于日报的三个不同版面,并被认为属于互不相干的生活领域,各个领域都由自身的一套规则主宰,同时由相互独立的机构监管和运营。看似如此不同的事例,涉及的人员出身悬殊,年龄分布广泛,兴趣迥异,面临的挑战截然不同,力争解决的问题也各种各样……你可能会问,有什么理由将它们放在一起——是将它们视为同一类别的样本吗?答案是肯定的,有理由将它们关联起来,而且这理由再充分不过了。

男生女生们急切而热情地展示自己的品质,希望吸引关注,并可能获得在社交游戏中留下来所需的承认和赞同;潜在的客户需要丰富其支出记录和扩大信用额度,以获得更好的服务;潜在的移民努力积攒并提供印象加分(brownie points),证明自己所提供的服务符合要求,以便使他们的申请通过审批——上述三类人,看似各不相同,但都受到诱惑、推动或强迫,去推广一种富有魅力、值得追求的**商品**,因此尽其所能,使用自己掌握的最佳手段，提高他们销售的商品的市场价值。而他们被促使投放市场、推广和销售的商品，正是他们**自己**。

他们既是**商品的推销者**，同时又是**自己推销的商品本身**。他们既是货物，同时是其营销代理；既是货品，同时是其旅行推销员（我不妨补充一句，任何曾经申请过教职或研究基金的学者，都会很容易从他们的经历中认识到自己的困境）。无论填报统计表格的人可能将他们放入哪一格，他们都居住在以**市场**之名为人所知的同一社会空间中。无论政府档案保管员或调查记者将他们的关注点归类于什么名目，他们所有人（无论是出于选择、迫于必要，还是最常见的两者兼而有之）都参与的活动，就是**市场营销**。为了获得他们梦寐以求的社会奖赏，他们需要通过某种测试，测试要求他们**将自己重新塑造成商品**，也就是说，能够攫取关注并吸引**需求**和**客户**的产品。

齐格弗里德·克拉考尔（Siegfried Kracauer）这位思想家，拥有一种不可思议的能力：当预示未来的一些趋势仍然湮没在一大堆毫无定形、转瞬即逝的时尚和癖

序言　或曰，消费者社会守护最严的秘密

好之中时，他就已经能梳理出其殊不可见、尚处雏形的轮廓。早在20世纪20年代后期，当生产者社会向消费者社会的转型尚处雏形，或充其量刚刚起步，因此被缺乏洞察力和远见的观察者所忽视的时候，他就已经指出：

> 人们之所以涌向到处都是的美容院，部分原因是出于对生存的担忧，而使用化妆品并不总是一种奢侈。由于害怕被视为过时落伍而遭淘汰，女士们和先生们开始染发，而四十来岁的人则参加体育运动以保持身形。"我怎样才能变美？"是最近推向市场的一本小册子的标题；报纸上的卖书广告说，它展示了如何"守护美丽，永葆青春"。[8]

克拉考尔在20世纪20年代早期记录了这些初露端倪的习惯，视之为值得注意的柏林异趣，但它们就像一场森林大火，继续蔓延，直到遍及全球，成为一种日常惯例（或至少成为一种梦想）。八十年后，杰梅茵·格里尔（Germaine Greer）已经观察到："即使在中国西北最偏远的地方，女性也把睡衣一般的宽松家常衣着搁到一边，换上软垫胸罩和性感裙子，把一头直发烫卷洗染，攒钱购买化妆品。"[9]

在克拉考尔注意到并描述了柏林女性的新潮激情半个世纪之后，另一位著名的德国思想家尤尔根·哈贝马斯（Jürgen Habermas）也有所议论，此时生产者社会已行将没落，他因此受益于后见之明的附加优势，将"资本和劳动力的商品化"作为资本主义国家的主要功能，也就是它存在的理由。他指出，如果说资本主义社会要实现再生产，就是通过作为买方角色的资本和作为商品角色的劳动力之间无休止的、重复的交易往来，那么资本主义国家就必须确保这种往来循例发生并达成其目的，即最终完成交易。

然而，为了在所有或至少相当数量的往来中能最终达成交易，资本必须有能力和意愿支付商品的当前价格，并被鼓励按照这一意愿实施交易——通过国家认可的政策保障来提供保证，以应对恶名昭著的商品市场变幻莫测所带来的风险。另外，劳动力必须保持整洁的状态，这样容易吸引潜在买家的眼光，得到他们的认可，并诱使他们购买自己所看到的东西。正如鼓励资本

序言 或曰，消费者社会守护最严的秘密

家把钱花在劳动力上一样，如果没有国家的积极合作，就不太可能实现让劳动力对资本家购买方具有吸引力，更不用说确保这一点了。求职者必须保持适当的营养和健康，习惯有纪律的行为，并具备他们求职岗位的工作惯例所需的技能。

如今，大多数努力完成商品化任务的民族国家都受困于权力和资源的匮乏。之所以会出现匮乏，一方面是因为本国资本暴露在日益激烈的竞争之中——这是由资本、劳动力和商品市场的全球化，由现代生产和贸易形式在全球范围内的扩张所导致的；另一方面则是因为"福利国家"的成本快速上升所造成的赤字，而这正是劳动力商品化的首要推动力，甚至可能是不可或缺的推动力。

事实上，在从生产者社会转到消费者社会的过程中，资本和劳动力的商品化与再商品化所涉及的任务，同时经历了**放松管制**和**私有化**的进程，这两个进程稳定、彻底，显然不可逆转，即使尚未完成。

这些进程的速度和加速节奏过去就不统一，后来也始终不统一。在大多数（尽管不是全部）国家，相较于迄今为止在资本方面的进展，它们在劳动力方面的进展似乎要彻底得多，新的投资几乎无一例外地继续以政府金库为资金源，其规模不是缩小，而是不断扩大。此外，资本购买劳动力的能力和意愿继续受到国家的定期提振，国家通过瓦解集体谈判和就业保护的机制，对工会的防御行为施加法律掣肘，来努力降低"劳动力成本"。除此之外，国家经常通过对进口征税，提供出口税收减免，并通过由公共资金支付的政府委托来补贴股东股息，以维持公司的偿付能力。例如，为了支持降低加油站汽油价格这一白宫未能兑现的承诺，同时不危及股东利润，布什政府直到晚近如2006年2月明确证实，政府将在未来五年内放弃70亿美元的特许权使用费（一些人估计的使用费是这个数额的四倍），以鼓励美国石油工业在墨西哥湾的公有水域钻探石油（"它就像补贴一条鱼游泳"，这是一位众议员对此新闻的反应，"在石油和天然气价格如此之高的情况下，让这些公司继续仰赖政府救济是站不住脚的"。）。[10]

迄今为止，受放松管制和私有化这对孪生进程影响最大的任务，就是**劳动力**的再商品化。这项任务将对于保持劳动力可销售性至关重要的服务供应的基本

序言 或曰，消费者社会守护最严的秘密

体制框架，全部或部分地"外包"给私营企业，从而基本上免除了政府的直接责任（例如，在学校教育和住房、老年照护及越来越多的医疗服务方面，情况都是如此）。这样一来，维持劳动力集体可销售性的总体任务就丢给了作为个体的男男女女，成了他们的私人担忧（例如，通过将技能获取成本转换为私人的、个人的资金），他们现在被政客建议，被广告商哄骗，要运用自己的智慧和资源，留在市场上，提高自己的市场价值或至少不让它下降，并赢得潜在买家的欣赏。

阿莉·拉塞尔·霍克希尔德（Arlie Russell Hochschild）花了几年时间近距离（几乎作为参与者）观察美国经济最先进部门的就业模式变化，其发现并记录的一些趋势与吕克·博尔坦斯基（Luc Boltanski）和伊夫·卡佩罗（Eve Chiapello）在欧洲发现的情况惊人地相似，后两位详细描述了他们所称的这种"资本主义新精神"。调查结果中最具开创性的发现，是雇主强烈偏好自由漂移、无所依附、灵活可变、"万金油式"并且最终可抛弃的员工（属于"万事通"类型，而不是专业化、接受高度聚焦的培训）。用霍克希尔德自己的话说：

自1997年以来，一个新术语——"零阻力"（zero drag）——开始在美国计算机革命的心脏地带硅谷悄然流传。它起初的意思是溜冰鞋或自行车等实体物的无摩擦运动。然后，它被用来指那些无论经济激励如何，都很容易放弃一份工作而跳槽的雇员。最近，它开始意味着"无依附"或"无义务"。一位互联网公司的雇主可能会以赞许的口吻评论某位员工说"他是零阻力"，这意味着他可以承担额外的派活、接听紧急电话或随时接受异地的调动。波·布隆森（Po Bronson）是一位研究硅谷文化的学者，据他讲，"零阻力是最佳之选"。一段时间以来，新求职者会被半开玩笑地问到他们的"阻力系数"。[11]

住在离硅谷有段距离的地方和/或背负着妻子或孩子的负担，会提高"阻力系数"，减少求职者的受雇机会。雇主希望未来的员工能游泳就别步行，能冲浪就别游泳。理想的员工应该没有任何以前的羁绊、承诺或情感依恋，并且回避新的羁绊、承诺或情感依恋；准备好

序言 或曰，消费者社会守护最严的秘密

承担碰到的任何任务，并准备好即时重新调整、重新聚焦自己的倾向，迎接新的优先事项，放弃刚掌握不久的优先事项；置身于"习惯于"本身——习惯于某项工作、技能或做事方式——不受欢迎、颇不明智的环境而习惯于它；最后但并非最不重要的一点是，当公司不再需要他时，他将离开公司，不去抱怨，也不打官司。这个人一想起长远展望、固定不变的职业轨迹，乃至任何形式的稳定性，就会感到讨厌和恐惧，甚至比没有这些东西还要严重。

形式新颖、与时俱进的劳动力"再商品化"的技艺，特别不适合从政府科层机构中学习，这些机构顽固僵化，出了名地懒惰迟钝，拘泥传统，抗拒变革，墨守成规；这种科层机构特别不适合培养、教导和灌输这样的技艺。更好的办法是把这项工作留给消费市场，世人已经知道，消费市场特别擅长培训他们的顾客学习这些惊人相似的技艺，并因此蓬勃发育——事实确实如此。将劳动力再商品化的任务转移到市场，这是国家转向崇拜"放松管制"和"私有化"的最深刻含义。

劳动力市场只是铭刻个体生活的众多商品市场之一；

个体生活追求中需要去关注、观察和计算众多市场价格，劳动力的市场价格只是其中之一。然而，所有市场都遵循着相同的规则。

首先，所有待售商品的归宿都是被买方消费。其次，当且仅当对于这些商品的消费承诺能满足他们的欲望时，买方才会希望获得商品以消费。再次，寻求满足的潜在消费者准备为所提供的商品支付怎样的价格，将取决于该承诺的可信度，以及那些欲望的强度。

潜在消费者与其潜在消费对象之间的往来，往往成为某种独特人际关系网络的首要构件，人们把这种网络简称为"消费者社会"。或者，更确切地说，后来被称为"消费者社会"的那种生存环境，其独特之处就是基于消费者与其消费对象之间关系的模式，比照模样，重新塑造人际关系。取得这一令人瞩目的成就，是通过消费市场对人类个体之间的空间进行吞并和殖民；在这个空间里，既编织着将人类彼此维系的绳线，也筑造着将他们相互分隔的围栏。

在绝大多数情况下，消费者社会被表征为聚焦于牢牢固定在笛卡儿式**主体**地位上的消费者与笛卡儿式**客体**角色上的商品之间的关系——即使在这些表征

序言　或曰，消费者社会守护最严的秘密

中，主体—客体往来的重心决定性地从沉思领域转移到了活动领域。但这样的表征是对消费主义革命真正实质的严重歪曲和倒转。当涉及活动时，**思考**（感知、审视、比较、计算、赋予相关性、使之可领会）中的笛卡儿式主体面临着——就像它在沉思中面临的那样——众多（对于）空间对象（的感知、审视、比较、计算、相关性的赋予、领会），但现在除了这些方面的任务，还要面对**处理**的任务：移动、占用、使用、丢弃。

必须承认，在叙述消费活动时，通常赋予主体多大程度的自主权，这一点一再受到究问，遭到质疑。唐·斯莱特（Don Slater）正确指出，在对消费生活的学术描述中，消费者的形象在"受文化愚弄或麻痹的人"和"现代性的英雄"两个极端之间来回摇摆。在前一个极端，消费者被表现为绝非自主能动者；相反，他们被欺诈性的承诺所蒙蔽，被大言不惭或遮遮掩掩但其实都无关要害的压力所吸引、诱惑、怂恿和操纵。在后一个极端，所谓的消费者彼此相似之处囊括了现代性希望被称赞的所有美德——比如讲求理性、强健自主、有能力自我定义、坚强自决。这样的形象代表了

"英雄意志和智慧"的载体,"可以改变自然和社会,并使它们都受到个体自由地、私人地选择出的欲望的主宰"。[12]

然而,关键在于,在这两个版本中——无论是表现为受促销炒作蒙骗的人,还是作为自我促动努力主宰的英雄践行者——消费者都被切断与他们潜在消费对象的世界的关联,被置于其外。在大多数描述中,由消费者社会形成和维持的世界被清楚地分为**待选择的东西**和**选择它们的人**,分为商品及其消费者,也就是要被消费的东西和消费它们的人。然而,事实上,消费者社会之所以如此,正是因为它根本不是这样;它与其他类型的社会的不同之处,恰恰是**模糊了**并最终**消除了**上面列出的分隔。

在消费者社会中,没有人能不首先变成商品就成为主体,如果不能持续复苏、重振、补充某种可销售商品被期望和所需要的能力,任何人都无法保持自己的主体地位的安全。"主体"的"主体性",以及主体性使主体能够实现的大部分事情,都集中在一种无休止的努力上:要使自己也变成一种可销售的商品,并保持下去。消费者社会最突出的特点——无论多么小心地隐藏、多么彻底地掩盖——就是**消费者转化为商品**；或者更确切地说，是消费者融入商品的海洋。其中，借用格奥尔格·齐美尔（Georg Simmel）被频繁引用的提法中或许引用最多的一句话：事物的不同意义"以及事物本身，都被体验为无足轻重"，"以平淡无奇的调子"出现，与此同时，所有事物"以相同的比重漂浮在川流不息的货币流中"。[13]因此，消费者的任务，以及推动他们投身于无休止的消费活动的首要动机，就是将自己从平淡无奇的不受瞩目、无足轻重中凸显出来，使自己从"以相同的比重漂浮"的大堆无法区分的客体对象中脱颖而出，从而吸引〔颇感腻烦的！（blasé!）〕消费者的眼球……

27岁的歌手肯妮·贝儿·蕾（Corinne Bailey Rae）出生于利兹，并于2005年被百代唱片公司（EMI）的一位A&R[1]签下，其录制的首张专辑在短短四个月内就成为白金唱片。[14]在独立乐队短暂露面，并在一家"灵魂俱乐部"担任衣帽间服务员，然后一炮走红，这是一桩

---

1 "A&R"，即"artist and repertoire"的缩写，是当代音乐行业的一种部门岗位或职业角色，兼有"星探"（艺人挖掘）、"监制"（艺人包装）与"市场"（艺人推广）的职责。——译者注

惊人的事件，只有百万分之一或亿分之一的概率。这样的概率不会大于赢得乐透大奖，甚或更小（但我们不妨指出，千百万人周复一周地购买乐透彩票）。"我妈妈在小学教书，"肯妮·贝儿告诉采访她的人，"当她问孩子们长大后想做什么时，他们说：'出名。'她问他们在哪个方面出名，他们说：'不知道，我只是想出名。'"

在那些梦想中，"出名"意味着无非是（但也至少是！）在成千上万本杂志的封面招摇炫示，在千百万块屏幕上闪亮登场，被许多人看到、注意、谈论，并因此可能会被许多人所**欲求**——就像亮丽杂志和电视屏幕上现在展示的那些鞋子、裙子或配饰，它们就此被看到，被注意，被谈论，被欲求……"生活比媒体更丰富，"杰梅茵·格里尔说，"但不多……在信息时代，不被看到就相当于死亡。"持续不停、不可阻挡的再商品化对于商品的意义，也是对于消费者的意义，就像新陈代谢对于生物有机体的意义。

在成名的梦想之下，还有另一个梦想，梦想不再逐渐消融于平淡无奇、不显面目、单调乏味的大堆商品之中，而是变成一种值得注目、引来关注、令人渴欲的商品，一种被广为谈论的商品，一种从大堆商品中脱颖而出的商品，一种无法忽略、不容嘲笑、不被弃置的商品。在一个消费者社会中，变成一种值得被欲求也确实被欲求的商品，这正是制造出各种梦想和童话故事的素材。

卡尔·马克思（Karl Marx）置身于方兴未艾的生产者社会，提笔谴责他那个时代的经济学家犯下"商品拜物教"的谬误：他们习惯于有意无意地忽视或隐藏商品流动背后的人类互动；**仿佛**商品自己在没有人这个中介的情况下就相互结成关系。马克思主张，劳动能力的买卖正是隐藏在"商品流通"现象中的"劳资关系"的本质，这一发现既令人震惊，又具有革命性：这是在日益非人化的资本主义剥削现实中恢复人性实质的第一步。

不久之后，卡尔·波兰尼（Karl Polanyi）又把商品拜物教编织的幻觉撕开了另一个洞：他会说没错，劳动能力被买卖，**仿佛**它是像其他任何商品一样的商品；但他又会明确说不，劳动能力**不是**也**不可能是**"像"其他任何商品一样的商品。觉得劳动是一种纯粹而简单的商品，这样的印象只能是对实际情况的严重曲解，因为"劳动能力"不能脱离其载体进行买卖。与其他商品不同，买方不能将购买的东西"带回家"。他们购买的东西不会成为他们的排他性的、无条件的财产，他们的购买不能像其他购买那样随意使用和滥用（utere et abutere, use or abuse）。这种表面上"纯粹的商业"交易〔回想一下托马斯·卡莱尔（Thomas Carlyle）在19世纪早期的抱怨，即多维度的人际关系被化约为赤裸裸的"现金关联"〕，不可避免地将劳动力的载体和买方联系在一起，形成**相互的**纽带和紧密的**相互**依存。在劳动力市场上，每一笔**商业**交易都会孕育出一种**人的**关系；每一份劳动合同都是对商品拜物教的又一次驳斥，在每笔交易之后，很快就会出现证据证明其虚假，以及随之而来的欺骗或自欺。

如果说**商品拜物教**注定要隐藏**生产者**社会中人性的、太人性的属性，那么就要轮到**主体性拜物教**（subjectivity fetishism）来掩盖**消费者**社会商品化、太商品化的现实了。

消费者社会中的"主体性"，就像生产者社会中的"商品"一样，〔用布鲁诺·拉图尔（Bruno Latour）

序言　或曰，消费者社会守护最严的秘密

巧妙的概念来说］是一种"事实拜物教"[1]——一种彻头彻尾的人类产品，通过忘记其人性的、太人性的起源，忘记引发其出现并成为这种出现的必要条件的一系列人类行动，或使这些变得无关紧要，这种产品也被提升到超人权威的级别。就生产者社会中的商品而言，正是买卖生产者劳动能力的行为，通过赋予劳动能力市场价值，使劳动产品成为商品——以一种在商品自主的相互作用这一表象中看不到（被隐藏）的方式。而就消费者社会的主体性而言，轮到在身份构建中部署的代币的买卖——所谓的"自我"的公开表达，其实是让·鲍德里亚（Jean Baudrillard）所说的"拟像"（simulacrum），用"表征"本身代替它据称要表征的东西——从最终产品的表象中消失。

消费者的"主体性"来自购物选择——主体和主体的潜在购买者所做出的选择；它的描述采取的形式就是购物清单。据认为对自我内在真实的**物质化**，实际上

---

[1] "faitishe"是拉图尔捏合"fait"（事实）和"fetish"（拜物教）组合成的新词。事实上更贴切的翻译应该是"拜事实教"，以及"拜主体性教""拜商品教"，这里只是遵从"商品拜物教"的通译。——译者注

是对消费选择的物质——客观化——痕迹的**观念化**。

前段时间,在越来越多的网络约会机构里,有一家(parship.co.uk)进行了一项调查,该调查显示,2005年使用约会服务的单身人士当中,有三分之二(约360万)转向互联网。"网络约会"业务的营收在那一年达到1200万英镑,预计到2008年将增加到4700万英镑。[15]在调查前的六个月里,单身人士认为他们会在互联网上遇到合适伴侣的比例从35%增长到50%,而且这一比例仍呈上升趋势。一位在线发表"锐评"的作者如此评论这些结果:

> 它反映出,在人们被鼓励如何思考他们的个人关系以及如何组织他们的个人生活方面,发生了根本转变,人们在公共场合表现出亲密关系,并受到可能让人想到买车、购房、度假的契约规范的约束。[16]

作者同意另一位"锐评"作者所表达的观点,[17]认为潜在用户被鼓励转向互联网服务,并视之为一种"更安全、更可控的选择",因为它使他们有可能避免"面对面接触的风险和不可预测性"。"对孤独的恐惧会让人们走向他们的电脑,而来自陌生人的危险会使人们在面对现实生活中的接触时更加推三阻四。"但这是要付出代价的。乔纳森·基恩(Jonathan Keane)指出,当人们从一个网站逛到另一个网站时,就像他们过去翻阅名册页面一样,寻找他们理想的伴侣,"逐渐蔓延的不安感和受伤感"困扰着他们,无论他们多么努力地避免它们都无济于事。[18]

显然,转向互联网机构寻求帮助的人们被用户友好的消费市场所骄纵,该市场承诺让每个选择都安全,每笔交易都是一次性的,没有义务羁绊,这种行为"没有隐性成本","别无加费,一次付清","无任何附加条件","没有中介会打电话"。然而,这种娇惯出来的生存方式所带来的副作用(不妨用眼下流行的表达方式,"附带损害")——尽可能减小风险,大量减少或放弃责任,以及主角们事先设定的中立化的主体性——已被证明是相当程度上的去社交技能化。

互联网约会机构的惯常客户,被商品市场的操作做了适当培养,对有血有肉的人的陪伴反倒感到不自在。他们被训练去社交的那些种类的商品是用来触摸的，但没有手可以触摸。那些商品是袒露一切以供审视的，但没有回看的眼神，也不要求再被回看，因此避免让观看者接受审查，同时平静地将自己暴露在客户的审视之下；你可以彻底审视它们，而不必担心它们对自己眼神的审视，透过眼神这扇窗户，可以窥探灵魂深处最私人的秘密。互联网机构所具有的吸引力，大部分源于将广受欢迎的人类伴侣重新塑造成训练有素的消费者，使之习惯于面对并知道如何处置的商品类型。它们的客户越是老练和"成熟"，当他们回到"面对面"场景并发现眼神必须给予回应，而且在"交易"中作为主体的他们同时也是客体时，就越会感到惊讶、困惑和尴尬。

在商店里，货物会回答潜在买方在做出购买决定之前可能想问的所有问题，但它们自己礼貌地保持沉默，不问问题，更不用说令人尴尬的问题了。商品坦陈所有要坦陈的东西，甚至更多——并且不要求交换。它们坚守笛卡儿式"客体"的角色——完全驯服、顺从的东西，供无所不能的主体处置、塑造、善用。它们通过自己纯粹的驯服，将买方提升到自主主体高贵、讨喜和自我膨胀的地位，不受质疑，不容妥协。市场商品无可挑剔、注重现实地扮演着客体的角色，足以令人信服，能够为"主体性拜物教"供应并持续充实其认识论上和实践上的基础。

作为买方，我们已经被市场经理和商业编剧们做了适当的培养，以扮演主体的角色——把假装的东西活成一种活生生的真实；把戏剧表演演成"现实生活"，但时间的流逝屏蔽了现实生活，剥夺了它所有回归的机会。曾几何时，人们享受不到购物网络所提供的中间服务，历经艰辛才能获得生活必需品。但如今，越来越多的生活必需品被商品化（例如，由于供水的私有化，商店货架上出现瓶装水乃大势所趋），"主体性拜物教"的基础也随之得到拓宽和巩固。为了完成笛卡儿的"我思故我在"的流行修订版，即"我买故我在……"，还可以并且还应当不断添补"一个主体"。随着花在购物上的时间越来越长（身体上或脑子里，经由肉体或经由电子），添补主体的机会也成倍增加。

转向网络来选择/购买伴侣的做法，遵循了更广泛地转向互联网购物的趋势。越来越多的人喜欢在网上购买，而不是在商店购买。便利（送货上门）和省油可以拿来作为直接原因，尽管只能部分地解释。用显示器代替店员所获得的精神舒适是同样重要的原因,哪怕不说更加重要。

与活生生的人接触需要各种社交技能,这些技能可能缺失或被证明是不足的,而交谈总是意味着将自己暴露在未知面前,仿佛听天由命。然而,当得知我的并且只有我的手掌握住了鼠标,我的并且只有我的手指摁住了按键时,我倍感宽慰。我脸上出现不经意的(而且是不受控制的!)奇怪面相,或者有一丝微妙不定但泄露真实欲望的表情,暴露给交谈的另一方,透露出的我的内心想法或意图高于我准备透露的程度,这些都再也不会发生了。

在《感官社会学》("Soziologie der Sinne")一文中,格奥尔格·齐美尔指出,我给别人的眼神,不管我愿不愿意,都会暴露我的自我。我看对方一眼,希望能获得他或她脑子里和/或内心的一丝信息,但我这眼神本身也注定具有表现性,以这种方式表现出的内心深处的情感不容易被束缚或伪装——除非我是一个训练有素的专业演员。因此,模仿鸵鸟所谓的习惯,即把头埋在沙子里,是有道理的:避开眼神或垂下眼帘,通过不看对方的眼睛,我使我的内在自我(更确切地说,我内

序言 或曰，消费者社会守护最严的秘密

心的想法和情感）看不见，难以捉摸……

现在，在一个充满台式机、笔记本电脑、手机和其他掌上设备的时代，我们大多数人身边都有足够多的沙子来埋头。我们不再需要担心卖家解读脸部表情的卓越技能及其说服力，或者担心我们偶尔会暴露弱点。我的恐惧和希望，我的欲望和怀疑，将保持它们应该的样子：这就是我的，只是我的。我会收集、开列和思索每个选择的所有"优点"和"缺点"，并将它们与所有替代选择的"优点"和"缺点"相权衡，在此之前，我不会急于按下"立即购买"键和"确认"键。只要我以这种谨慎的态度行事，清点的时候，终判的时候，不可撤回的时刻，"来不及重新考虑"、"没有退路"和"无法重新开始"等遗憾的时刻，就会保持在一臂之外（或者更准确地说，就键盘操作者而言，是一指之外）；我是保持指挥并握住方向盘的那个人，唯一的那个人。我感到自己受到保护，防备未知的和看不透的其他人的伎俩和欺骗，但也防备我自己，防止决策贸然显露，防止"一时冲动"行事，毕竟日后可能后悔其方式——我无法知道究竟何时——也许是未来终有一日。这适用于购买汽车、割草机、家庭娱乐中心、笔记本电脑或假期。那为什么它会不适用于购买伴侣？

最后但并非最不重要的一点是：在我们的世界里，诱人的新奇事物此伏彼起，速度令人喘不过气；在这个世界里，新的起点没完没了，满怀希望的旅行比到达目的地的前景让人感到更安全、更迷人，快乐全在于令人满足的购物过程，而获得本身则背负着可能笨拙和尴尬的效果及副作用，预示着很有可能让人沮丧、悲伤和后悔。由于网店全天营业，人们可以随意延长满足的时间，而不会受到任何对未来受挫的担忧的污染。购物作为逃避之旅不再需要成为一次长久谋划的郊游——它可以分解成许多令人兴奋的欢乐时刻，在其他各种生活追求上肆意挥洒，为即使是最黑暗或最沉闷的地方也能添上亮丽的色彩。

当然也有碰壁的时候，寻找伴侣就不能很好地融入逛店购物模式；寻找**人生伴侣**，一位终身伴侣，就更是如此。

一位选择者置身于选择者的社会，其生活中充斥着风险和焦虑，在先发制胜应对这些风险和焦虑的永久战争中，互联网提供的帮助注定是有限的，是"到一定程

序言 或曰，消费者社会守护最严的秘密

度为止"的。在整个搜索过程中，它可能会在一定程度上安抚搜索者的焦虑，但它不会越过实现的那一刻，那是发现之旅所希望和期待通向的时刻，是据信作为魅力与动机之源的时刻。就像游荡在生产者社会中的商品拜物教一样，游荡在消费者社会中的主体性拜物教归根结底也是建立在幻觉之上的。

生产者的生产力不能与生产者本身分开，它是生产者不可让渡的力量。因此，买卖劳动力的交易成本是无形的，但也是沉重而不可避免的，这成本成了一种复杂的、多维的纽带，最重要的是**互惠的**纽带，在被购买的劳动力打算服务的那个生产过程进行期间，将买卖双方维系在一起。这种纽带意味着，结论已成定局：将会出现长期的，也许是没完没了的一系列利益冲突，暗地滋长的对抗或公开表露的敌意，围绕着承认的日常争执和长期战争。购买"快乐力"的情况大致相同：无论他们在约会机构的网站上开列得多么充分和诚实，互联网冲浪者在他们的潜在伴侣那里寻求的赋予快乐的奇妙**品质**，也是他们允许引导自己做出选择的那些品质，都离不开具有这些品质的人，就像劳动力不能与拥有这种力量的生产者相脱离。

虚构人物是从许多预先选择的属性中以电子方式拼凑在一起的。但真实的人与之不同，他们有口能言，也有耳能听，希望所选伴侣看着自己的眼睛，也愿意将自己的眼睛暴露在伴侣的审视之下；有等待被唤起的情感，也有唤起这些情感的能力，是一本完全出自自身的传记，由传记式塑造的性格、期望和幸福模式来完成：没有任何东西能让人些微联想到被动、驯服、顺从和柔顺的笛卡儿式"客体"。交互式作者身份的祸因["行动者"（actor）和"作者"（author）的"不纯"混合，由于所有行动者都具备不可化约的作者潜力，也由于模式化举动的"纯粹重复"是几乎不可能的，因此完全有可能是不可能纯化的]将使"纯粹主体性"这一幻觉成为虚张声势。再多的预防措施也无法改变这一事实，也无法使这一隐藏祸因的关系"清洁化"：纵然有一系列敏锐而巧妙的改变它的尝试，可无论这些尝试持续多久，都将被它所笼罩。

消费者社会所承诺的"消费者主权"可以扩展到怎样的范围面临着限制，并且是无法逾越的限制，从每一次的人际接触来看，尽管（或者正是因为）有种种给这些限制重新划界的压力,但它们往往会变得越发坚固。

主体性拜物教就像它之前的商品拜物教一样,是建立在谎言之上的,它之所以确立,原因与其前身大致相同——即使这两种拜物教掩饰运作的焦点,分别落在人类生存境况中深藏的主客辩证法的对立两端。这两种拜物教都受困于同样的障碍:人类主体的固执,勇敢地抵制将其客体化的重复尝试。

在消费者社会中,主客二元性往往被归入消费者和商品的二元性之下。在人际关系中,主体的主权因此被重新塑造、重新表征为消费者的主权——而客体的抵抗,源于其主权,无论这种主权发展多么不充分,总是未被完全压制,这种抵抗被提供给感知,被视作错误选择的商品的不足、不佳或瑕疵。

市场驱动的消费主义有一个解决这种麻烦的妙方:把有缺陷的或仅仅是不完美、不完全令人满意的商品,换成新的、改进过的商品。该妙方往往被重新塑造成一种策略,老练的消费者基于某种习得并内化的习惯,自动地、几乎无反思地求助于这种策略;毕竟,在消费者-商品市场里,替换"过时的"、不完全令人满意和/或不再想要的消费客体的必要性，体现在为了销售的稳定增长而计算出来的产品设计和宣传活动中。对产品的实践使用和宣称效用的预期就是短暂的，这包含在营销策略和利润计算中：它往往是预先设计、预先编写的，并通过神化新的（今天的）供应，诋毁旧的（昨天的）供应，来灌输到消费者的实践中。

消费主义应对不满的首要方式，就是丢弃引起不满的客体。消费者社会贬低耐用性，将"旧"等同于"过时"，不适合进一步使用，注定该去垃圾场。正是靠着高浪费率，靠着缩短欲望萌生和消退之间的时间距离，主体性拜物教才得以保持活力和可信度，尽管它造成了无休止的一系列失望。如果没有蓬勃发展的垃圾处理行业，消费者社会是不可想象的。消费者不需要宣誓效忠于他们获得的旨在消费的客体。

安东尼·吉登斯（Anthony Giddens）在他的《亲密关系的变革》（*The Transformation of Intimacy*）一书中，揭示并描述了一种越来越常见的"纯粹关系"模式，可以把这种模式解释为将商品市场的规则移植到人际纽带的领域。流行的民间传说，以及大众媒体对这些传说的描绘，都广泛观察到这种"纯粹关系"的实践，

序言　或曰，消费者社会守护最严的秘密

有时还颇为称道，将其比作假定或假设的消费者主权，这样就更为形象化了。伴侣之间的关系与购买普通消费品行为之间的区别，是一种相当深切的区别，源于**启动**关系所要求的同意的**相互性**，通过附加条款，使伴侣一方的决策足以**终止**这种关系，而让其不利影响最小化（即使不是完全无关痛痒）。也正是这一条款，揭示了**相似性**高于**差异性**：在"纯粹关系"的模式中，就像在商品市场上一样，伴侣有权像对待消费客体一样对待彼此。一旦有关拒绝和替换不再带来完全满足的消费客体的许可（也是规定）扩展到伴侣关系，伴侣就沦为消费客体的地位。悖谬的是，他们发现自己之所以沦落如此，正是因为他们努力获得并垄断自主消费者的特权……

显然，专注于效用和满足的"纯粹关系"与友谊、奉献、团结及爱——所有这些"我-你"关系都被认为在人类共处的大厦中扮演着黏合剂的角色——恰恰相反。它的"纯洁性"的衡量标准，归根结底，就是缺乏承载伦理的成分。"纯粹关系"的吸引力在于诸如以下问题的去合法化（引用伊凡·克里玛的话）："一方面是个人幸福和寻觅新爱的权利，另一方面是会破坏家庭并可能会伤害孩子的鲁莽自私,这两者之间的界限何在?"[19]归根结底,这种吸引力就在于宣布人际纽带的结成与解除在道德上是"中立化的"(adiaphoric)(冷漠的、中立的)行为,从而减除了行动者对彼此担负的责任:这种无条件的责任,无论好坏,爱都承诺并努力打造它,维护它。"创建良好而持久的相互关系",与通过消费客体寻求享受形成鲜明对比,前者"需要巨大的努力"——而"纯粹关系"打着其他一些价值观的名义,坚决否认这一点,在这些价值观里,可显不出对他人在伦理上的基本责任。然而,克里玛指出,与对于获得满足的单纯欲望截然相反,爱应该被比作:

> 对于一件艺术品的创作……这也需要想象力、全神贯注、与人格方方面面的结合、艺术家的自我牺牲,以及绝对的自由。但最重要的是,与艺术创作一样,爱需要行动,即非常规的活动和行为,以及始终留意自己伴侣的内在本性,努力领会他或她的个性及尊重。最后但并非最不重要的是,它需要宽

容，需要意识到，一个人不能将自己的观点或理念强加给同伴或阻碍对方的幸福。

我们可以说，爱避免承诺能轻松通往幸福和意义。而受消费主义实践激发的"纯粹关系"则承诺，这段通路轻松方便，没有麻烦，同时又把幸福和意义交付给命运——更像是彩票中奖，而不是创造之举、奉献之举。

在我写下这些话的时候，由约翰·布鲁尔和弗兰克·特伦特曼合编的关于消费主义多面性的一部出色文集已经问世。[20]在编序中，两位编者基于对研究这一现象的现有思路的全面考察，得出以下结论：

> 本章伊始，我们首先评论了现代消费令人瞩目的丰富多样性，并且指出，在单一的解释框架中，难以容纳这种多样性……单凭任何一种有关消费的叙事，任何一种有关消费者的分类体系，任何一种有关消费文化的单一描述，都不能充分描述……

他们建议我们，当我们费尽心力应对那令人生畏的任务，就消费者及其生活策略构思统合一体的观点时，"要认识到市场必然根植于复杂的政治和文化基型，这些基型赋予消费行为特有的连带反应和关联意义。只有这样，我们才能充分揭示现代消费的全部力量和丰富面貌"。

他们说得何其正确。接下来是他们论点的另一个例证：为迄今为止考察现代消费现象的不胜枚举的认知视角又添一种。这种尝试至少是（尽管希望仅限于）部分的补充，而不是纠正，更不是取代。

在本书中，我打算提出三种"理念型"（ideal types）：消费主义、消费者社会和消费主义文化。关于理念型的方法论基础和认知上的意涵，参看第一章；但这里就应该强调的是，"理念型"不是对社会现实的快照或类比，而是试图构建其基本要素及其组合形态的模型，旨在使原本混乱和零散的经验证据变得可以理解。理念型不是对社会现实的描述，而是分析社会现实的工具，并且希望是领会社会现实的工具。它们的宗旨是迫使我们对我们所居住的社会的刻画"有意义"；为了实现这一宗旨，它们有意设定了经验社会世界中更大程度的同质性、一致性和逻辑性，要高于日常经验所显示的和允许我们把握的程度。它们深深扎根于人类日常经验和实践的土壤中。但是，为了更好地了解这些实践，了解其原因和动机，这些理念型需要保持一定距离，以便容纳整个领域——如此一来，有关人类实践的观察在分析者看来就变得更加全面和清晰，同时也有希望让行动者本人得窥他们行动的原因和动机。

我充分意识到现实的"脏乱性"（复杂性、多面性、异质性），这是我们的共同经验使我们能够认识到的。但我也意识到，正如马克斯·韦伯（Max Weber）所说，"在意义层面上充分"的模型对于任何理解都是必不可少的。事实上，要意识到隐藏在令人困惑的纷繁经验背后的各种相似与差异、关联与断裂，这样的模型都是必不可少的。我在这里提出的理念型，就是要"用来思考"，充当"用来观察"的工具。

带着同样的想法，我提出了一些概念，希望这些概念有助于把握一些新型或新兴的现象和过程，例如"点彩时间"（pointillist time）、"消费者的商品化"或"主体性拜物教"，使用旧的概念网络会遮蔽这些现象和过程。最后但并非最不重要的一点是，我试图记录消费主义的互动和评估模式是如何影响社会环境中各种看似无关的方面,例如政治和民主、社会分隔和分层、共同体和伴侣关系、身份建立、知识的生产和使用,以及价值偏好。

那些受商品市场的启发并以其为标尺打造的世界观和行为模式,对人际关系网的入侵、征服和殖民化,对这些占领力量的怨恨、异议和偶尔抵抗的源泉,以及占领方的统治所面临的难以克服的限制(如果有的话)问题,就是本书的一些主题。基于上述主题,我们再次审视当代生活的社会形式和文化,并予以重新诠释。

这里要讲述的故事势必将是未有定论的,事实上,是结局开放的,就像所有来自战场的报道注定的模样。

第一章
消费主义与消费

第一章 消费主义与消费

表面上看来,消费这件事平淡无奇,事实上微不足道。我们每天都会这样做,有时是以节日欢庆的方式,比如举办派对、庆祝重要事件,或是奖赏自己取得令人印象特别深刻的成就,但大多数时候是日常琐事,也不妨说是例行之事,没有太多的提前计划或再三考虑。

事实上,如果将消费化约为其原型,即摄入、消化和排泄的代谢循环,那它就是生命的一个持续存在、不可消除的条件和方面,既不受时间的约束,也不受历史的约束;它是生物维持生存的不可分割的要素之一,为我们人类与其他一切生命有机体所共享。从这个角度来看,消费现象的根源与生命有机体一样古老——而且基本可以肯定,在历史叙述和民族志报告中已知的每一种形式的生活里,它都是一个持续存在、不可或缺的组成部分。表面上看来,万变不离其宗(plus ça change, plus c'est la même chose)……无论哪种消费形式,但凡它在人类历史上的特定时期被记录为典型的消费形式,我们都可以毫不费力地将其描述为过去方式的微调版本。在这个领域,连续性似乎是通例;断裂、不连续、剧变,更不用说革命性的、分水岭式的转型,可能(而且经常确实)被否定,被视为纯属量变而非质变。然而,即使消费活动本身可能几乎没有创造和操纵的余地,这也不适用于在人类在世生存模式的过去转型与当前动力机制中,消费所扮演并将继续发挥的角色——具体而言,是它在决定社会生活风格和偏好的各种因素中的地位,以及它作为确定人际关系模式的因素(众多因素之一,或其中最重要的因素)的角色。

纵观人类历史,消费活动或与消费相关的活动(消费对象的生产、储存、分配和弃置)提供了源源不断的"原材料",凭借着想象力驱动的文化创造力的帮助,人们可以并且的确从中塑造出纷繁多样的生活形式和人际关系模式。最关键的是,随着生产行为和消费行

第一章　消费主义与消费

为之间开辟出可以伸展的空间,这两种行为都相对于彼此获得了越来越大的自主性——如此一来,它们可以由相互独立的一系列制度来予以调控、赋予模式、实施运作。"旧石器时代革命"结束了勉强糊口的采集者的生存模式,迎来了剩余和储存的时代,在此之后,人们书写历史时,可以着眼于先人如何以各种巧妙的方式,对这块空间实施拓殖和管理。

有观点认为(本章下文接受并进一步阐发这一观点),在几千年后,随着历史从消费(consumption)过渡到"消费主义"(consumerism),一个影响深远的突破点到来了。可以说,它配得上**"消费主义革命"**(consumerist revolution)之名。当此之时,按照柯林·坎贝尔的讲法,消费在大多数人的生活中变得"特别重要,即使不说是实际上的中心",成了"生存的宗旨";[21]当此之时,"我们满足'需求'、'欲望'和'渴求'的能力,特别是我们反复体验诸如此类的情绪的能力,实际上支撑着"人类共处状态的"经济"。

旁论：关于"理念型"的方法

在我们继续之前，需要先行警示，以预防关于所分析现象的独特性还是普遍性，或者也可以说特殊性还是共同性，势必无法解决的争议。无可争议的是，人类历史上没有任何东西或几乎没有任何东西是彻底全新的，此前毫无先例；因果关系的链条总有可能无限地延伸到过去。但同样无可争议的是，在纷繁多样的生活形式中，即使是可以表明普遍存在的现象，也会进入一种有所不同的型构（configuration）——"造成差异"的正是这种型构的特殊性，程度远甚于其组成成分的特定性。这里提出的"消费主义"模型，以及"消费者社会"和"消费文化"的模型，就是马克斯·韦伯所说的"理念型"。这些抽象概念试图掌握由绝非独特的成分组成的型构的独特性，并区分以下两者：一是定义该型构的模式，二是所讨论的型构与其他型构共享的众多方面。社会科学中通常使用的概念，即使不是全部，大多数概念——比如"资本主义""封建主义""自由市场""民主"，以及"社会"、"共同

第一章 消费主义与消费

体"、"地方性"、"组织"或"家庭"——都相当于理念型。按照韦伯的主张,"理念型"(如果构造得当)是有用的认知工具,也是不可或缺的认知工具,即使(或者可能**正是因为**)它们特意凸显所描述的社会现实的某些方面,而不去点明其他一些方面,认为后者与特定生活形式基本的、必要的特征不太相关,或只是随机相关。"理念型"不是对现实的描述,它们是用来分析现实的工具。它们有利于思考;或者,尽管有些悖谬,仍然可以说,即使它们具有抽象的性质,但它们使经验可及的那些社会经验现实变得可以描述。如果想努力使思维变得可理解,并能够对人类经验极其混乱的证据进行连贯的叙述,这些工具就是不可替代的。但是,我们不妨回顾一下马克斯·韦伯自己最为精妙、最令人信服的案例,来证明理念型的构建和使用是合理的——这个论证至今丝毫没有丧失它对于社会学实践的时效性和相关性:

> 社会学分析既是从现实中抽象出来的,同时也有助于我们理解现实,因为它以一定的近似度,表明一个具体的历史现象

在一个方面是"封建的",在另一个方面是"官僚的",在又一个方面则是"克里斯玛的"。为了给这些术语赋予确切的含义,社会学家有必要梳理出相应行动形式的纯粹理念型,在各个案例中,凭借在意义层面上的完全充分性,它们都蕴含着程度尽可能高的逻辑整合。但正因为这是真的,可能很少能找到一种真实的现象,精确对应于这些理念上构造出的理念型中的任何一种。[22]

我们只要记住韦伯的话,就可以安全地(即使还需谨慎地)继续使用"纯粹构造",努力使确实"不纯"的现实变得可以明白,达成理解,同时避免落入为有欠谨慎的人设下的陷阱,他们容易将"纯粹理念型"与"实际现象"相混淆。因此,我们可以继续构建消费主义、消费者社会和消费主义文化的模型——在作者看来,正是这些工具,适合于理解我们目前居处的社会中一个至关重要的方面,因此也适合来构建我们对这种居处的共同经验的连贯叙述。

第一章　消费主义与消费

我们不妨说，"消费主义"是一种社会安排，它源自将人的日常世俗的、持续存在的，可以说是"政制中立"的各种需求、欲望和渴求转化为**推动社会、运作社会的首要力量**，一种对系统再生产、社会整合、社会分层和人类个体形成等方面进行协调的力量，并在个体自我认同和群体自我认同的过程中，在选择和追求个体生活策略的时候，扮演主要角色。当消费接管了生产者社会中工作所扮演的关键角色，"消费主义"就出现了。按照玛丽·道格拉斯的主张："除非我们知道人们为什么需要奢侈品（超过生存需要的物品），知道他们如何使用它们，否则我们远未认真对待不平等问题。"[23]

消费主义与**消费**不同，**消费**主要是作为个体的人的一种特征和关注，而**消费主义**是**社会**的一种属性。一个社会要获得这种属性，就需要将完全个体性的需求、欲望和渴求的能力，与个体相脱离［"疏离"或"异化"（alienated）］，并转化或物化（reified）为一种外在力量，就像生产者社会中的劳动能力一样。这种外在的力量使"消费者社会"运转起来，并使其作为人类共处的一种特定形式，保持稳定运转；同时，出于同理，它为有效的个体生活策略设定特定规范，要不就操纵个体选择和行为的可能性。

这一番话还没怎么涉及"消费主义革命"的**内容**。需要更细致考察的问题是，我们"需要"、"欲望"和"渴求"的是**什么**，以及伴随着向消费主义的过渡，并作为这种进程的结果，我们的需要、欲望和渴求的实质内容是**如何**变化的。

人们一般认为（尽管可以说并不正确），被塑造成消费主义生活形式的众生男女的欲望和渴求，首先在于获取、占有和积累物品，其价值在于期望它们能给其所有者带来的舒适和/或尊重。

获取和**占有**确保（或至少承诺确保）舒适与尊重的物品，可能确实是生产者社会中人类的愿望和渴求背后的首要动机。生产者社会致力于稳定的安全和安全的稳定的事业，有赖于旨在遵循这些动机的个体行为模式能够长期再生产。

事实上，生产者社会是现代性"固态"阶段的首要社会模式，主要是以安全为导向的。在追求安全的过程中，它寄希望于人类对可靠、可信、有序、规律、透明并且耐用、耐时和安全的环境的渴求。这种欲望确实是一种非常合适的原材料，可以用来解读为"体量大就是力量大"（bulk is power）和"大即美"（big is beautiful）时代服务所不可或缺的各种生活策略和行为模式：这个时代属于大规模工厂和大规模军队，属于约束性规则和遵从性规则，属于科层制的、全景敞视式的支配策略，它们在努力诱发纪律和服从时，依赖于个体行为的模式化和例行化。

在那个时代，拥有体量宽大、坚实厚重、不动感情、不可移动的大量所有物，预示着一个安全的未来，一个承诺持续提供给个人舒适、权力和尊重的未来。大量所有物暗含或暗示着一种根深蒂固的、受持久保护的、安全的存在，不受未来命运变幻的影响；它们可以被信任，而且确实被信任，能确保其所有者的生活免受无法控制且变幻莫测的命运的影响。长期安全是其主要目的和价值，获得的物品并非立即用于消费；相反，它们应该受到保护，免受损害或打散，保持其完好性。就像一座设防城镇的巨大城墙，旨在保护居民免受可能埋伏在城外荒野中的无法估量、难以形容的危险，这些物品也必须得到守护，防止磨损、破裂和任何过早的不堪使用。

在生产者社会的固态现代时代，满足似乎主要存在于对长期安全的承诺，而不是立即享受快乐；还有一种满足，如果沉溺其中，就会留下因挥霍所致的苦涩回味，甚至是罪恶感。消费品提供舒适和安全的全部或部分潜力必须延迟耗尽，几乎是无限期地延迟耗尽，以防消费品的所有者耗神费力地组装、积累和储存它们，期望它们保持自己脑海中能够发挥的首要功能时，它们却未能发挥这样的功能——只要可能出现对它们的需要，它们就得提供服务的功能［其实就是"至死不渝"（till death us do part）］。只有真正耐久、耐时、不随时移的所有物，才能提供所渴慕的安全。只有这样的所有物，才有内在的倾向，或者至少有机会，在数量上增加而不是减少——只有它们承诺，通过展示它们的所有者配得上信任和信用，将安全未来的期望建立在更为持久和可靠的基础上。

在20世纪初，当索尔斯坦·凡勃伦（Thorstein Veblen）生动地描述"炫耀性消费"（ostentatious consumption）时，它的含义与现在截然不同：它的本质在于公开展示财富，强调其坚实耐久，而非展示自己立刻、马上就能从获得的诸多财富中轻松榨取快乐，并迅速将它们用完耗尽，彻底消化，充分享受，或者以夸富宴般的做派（potlatch-style），将它们丢弃掉，破坏掉。展示的物品越是坚实耐久、坚不可摧，展示的利益和好处也就越大。贵金属和贵重珠宝是广受欢迎的展示对象，不会因氧化而失去光泽，可以抵抗时间的破坏力；由于这些品质，它们代表着恒久，代表着持续可靠。在定期公开展示的间隔期，有大型钢制保险箱存放它们；还有矿山、石油钻塔、工厂和铁路促成了瑰丽珍宝的持续供应，并确保其免遭被出售或典当的危险；或者在华丽的宫殿里，珠宝的所有者可以邀请对他们来说重要的人近距离欣赏它们——并且带着羡慕。它们与所代表的继承或赚来的社会地位一样，人们盼望能持久，也期望能持久。

在固态的现代**生产者**社会中，所有这些的意义都是显而易见的——让我再说一遍，这个社会寄希望于审慎周至和长期考虑，寄希望于持久和安全，最重要的是耐久、长期的安全。但是，人类对于安全的欲望，对于终极"稳定状态"的梦想，并不适合用来为**消费者**社会服务。在通往消费者社会的道路上，人类对于稳定的欲望不得不发生转变，而且确实发生了转变，从一种系统的首要资产，变成这种系统主要的、可能致命的负债，成了中断或故障的原因。几乎不可能不是这样，因为消费主义与先前的各种生活形式截然相反，与其说是将幸福与需求的**满足**相维系（正如其"官方表述"所暗示的那样），不如说是将幸福与欲望的**不断增多和增强**相挂钩。这又意味着立即使用并迅速更换依照意向和希望可以满足这些欲望的物品；唐·斯莱特说得很巧妙，它将需求的难以餍足与"总是寻求商品来满足"的冲动和必要性相结合。[24]新的需求需要新的商品；新的商品需要新的需求和新的欲望；消费主义的出现预示着市场上提供的物品"天生过时"的时代，标志着垃圾处理行业规模的惊人增长……

一方面是欲望的不稳定和需求的难以餍足，以及由此导致的即时消费和即时弃置欲望对象的倾向；另一方面是生活追求已经铭刻其间，并在可预见的未来必然在其中进行的环境的新型液态性。这两方面颇为合拍。液态的现代环境不适合长期规划、投资和储存；事实上，它使延迟满足这种做法不像过去那样让人感到审慎、周全，以及最重要的，明白事理。大多数贵重物品很快就会光鲜不再，魅力衰减，如果耽搁时日，它们很可能还来不及被欣赏，就只配被扔进垃圾箱。当流动性的高低，以及在忙乱中抓住转瞬即逝的机会的能力，成为地位高、受敬重的主要因素时，体量大的所有物感觉更像烦人的压舱物，而不是珍贵的载货。

斯蒂芬·伯特曼创造了"当下主义文化"（nowist culture）和"匆忙文化"（hurried culture）这两个术语，来指称我们在这种社会中的生活方式。[25]这两个术语确实很恰当，每当我们试图把握消费主义这一液态现代现象的本质时，它们尤其趁手。我们可以说，液态现代消费主义**对时间的意义进行了**（迄今为止独一无二的）**重新协商**，这一点值得注意，比其他任何东西都更令人瞩目。

按照其成员的活法，液态现代的消费者社会中的时间既不是循环的，也不是线性的，那是其他已知社会的成员曾经习惯的活法。相反，用米歇尔·马费索利的比喻，**点彩**时间[26]，或者，用尼克尔·奥伯特几乎同义的术语，**间断**时间（punctuated time）[27]，其标志除了位点的具体内容，还可以是（即使不说更多的是）大量的**断裂**和**不连续性**，是分开连续位点并打破它们之间关联的间隔。点彩时间引人注目之处，更在于其前后不一致和缺乏凝聚力，而不是其连续性和一致性的要素；在这种时间中，无论可能有什么样的连续性或因果逻辑关联起连续的位点，都往往处在回顾寻找可理解性和秩序的远端，进行推测和/或解读，而在推动行动者在点与点之间移动的动机中，这些东西通常是明显缺失的。点彩时间被分解成甚至粉碎成众多"永恒的瞬间"——事件、事故、意外、冒险、插曲——自我封闭的单子，各自分离的碎末，每片碎末都归约成一个点，越来越接近其无维度性（non-dimensionality）的几何理念。

我们可能还记得学校课程教的欧几里得几何，点没有长度、宽度和深度：你很有可能说，它们存在于空间和时间**之前**；在一个由点组成的宇宙中，空间和时间尚未开始。但正如我们也从宇宙学专家那里知道的那样，这种无空间和无时间的点可能包含无限的膨胀潜力，包含有待爆发的无限可能性——正如在开启时间/空间宇宙的"大爆炸"之前的那个创生点所证明的那样（如果我们要相信最先进的宇宙演化论的假设）。用马费索利生动的意象来说，如今"上帝的观念被总结为一个永恒的现在，它同时封装了过去和未来"；"生活，无论是个体的还是社会的，都不过是一连串的现在，是不同强度体验到的瞬间的集合"。[28]

而到现在，人们相信每个时间点都孕育了另一次"大爆炸"的机会，并且接续的点也继续被认为孕育着这样的机会，无论此前的时间点可能发生了什么。尽管稳定积累的经验表明，大多数机会往往要么预期错误，要么失之交臂，而大多数的点也被证明并无孕育结果，大多数的萌动最后也胎死腹中。真要绘制出一幅点彩生活地图，它与埋葬无数想象的、幻想的或被严重忽视和未实现的可能性的墓地相比，两者的类似之处令人骇然。或者，换个角度来看，它也意味着一个被浪费了机会的墓地：在一个点彩的世界里，希望早早夭折、被主动放弃或胎死腹中的比率都会非常高。

在点彩时间模型中，不可能容留下面这种观念：将"进步"视为一张原本空荡荡的时间河床，缓慢而稳定地被人类劳动所填满；或者人类的劳动造就了一座越来越漂亮、越来越高耸的建筑，从地基到屋顶逐层上升，每一层都牢固地安放在此前筑立的那一层之上，直到房梁上加冕花环的那一刻，标志着旷日持久的勤勉努力大功告成。取代这类图景的是这样一种信念（引用弗朗茨·罗森茨威格的主张，当他在20世纪20年代早期信笔写下这句话时，这句话本来是作为战斗的号召,但在21世纪初重读此言,听起来更像一则预言):理想的目标"能够达到,也应该达到,也许在下一刻,甚至就在这一刻"。[29]或者,按照迈克尔·勒维最近对沃尔特·本雅明有关现代历史过程观的重新解释的重读,"必要性的时间"的概念已经被新的概念所取代:"可能性的时间,这是一种随机的时间,随时向不可预见的新东西的闯入开放","这种观念将历史视作开放的过程而不是事先确定的,其中随时都可能出现意外、意想不到的好运和不可预见的机会"。[30]本雅明会说,每一刻都有其革命性的潜力。或者最后,这次用沃尔特·本雅明自己的话来说,呼应了古希伯来先知的措辞:"每一秒都是弥赛亚可能降临的时间小门。"[31]

齐格弗里德·克拉考尔凭借其标志性的令人生畏的预见力指出,即将发生的时间转型将遵循马塞尔·普鲁斯特(Marcel Proust)对逝去的时间及其逝后存在模式的不朽研究中首次探索的路线。根据克拉考尔的发现,普鲁斯特彻底淡化了年代学的重要性。

> 在他看来,历史根本不是过程,而是万花筒般变化的大杂烩——就像随机聚散的云

彩……根本没有什么时间流。真正存在的是各种情境、世界或时期之间不连续的、非因果关系的继替接续，在普鲁斯特自己的案例中，这些必须被认为是自我的投射或对应物，而他的存在——但我们有理由假设表面之下有一个相同的存在吗？——接下去还会改变自身……每个情境本身就是一个实体，不能从此前的情境中推出。[32]

"telos"的出现，即一个预选或预定的目的地的出现，可能只有在一系列"凭其自身而存在的实体"结束其过程之后很久，回溯时才会出现；即使有逻辑，也不知道是什么样的逻辑，将那些"实体"按照这个顺序，而不是那个完全不同的顺序，彼此相邻放在一起。无论回顾性解读的逻辑是什么，它都不应该被视为某种先入为主的设计／规划的产物，被视为受动机促动的行动的轨迹。我们可以说，目前流行的术语"非预期后果"（unanticipated consequence）用词不当，因为前缀"非"（un）作为"预期"的限定词，表明这种现象是一种异常情况，偏离了常态；但是，行动后果的非预期性质**是常态**，而行动背后的意图与其效果之间的部分一致，倒可能更适合**例外**、事故或反常事件的概念。就普鲁斯特而言，克拉考尔强调：

> 在小说的结尾，马塞尔，那个随后与普鲁斯特合二为一的马塞尔，发现他所有互不关联的先前自我，实际上都是他在不知不觉中经过的那条道路上的一个个阶段或站点。只是到了现在，事后，他才意识到这条历经时间的道路有一个目的地；它的唯一宗旨就是为他作为艺术家的职业做好准备。

然而，我们不妨指出，过去一连串时刻所承载的某种指向（但是没有向内部的人揭启它，或者对他们保密），即使突然启示（诞生），也发生在一个"情境"中，在另一个"时刻"，就像其他过去的时刻一样——虽说这个时刻在（未曾预期、未曾注意到的）"成熟"的（秘密）过程中，看上去要比它之前的时刻更为高级，并且更接近事物隐藏意义的爆炸性揭启的那个点。我们也不妨指出，现在和以前一样，没有任何预

第一章 消费主义与消费

警说,这一刻与之前或之后的其他时刻不同,可能是真理的时刻,是指向诞生(启示)的时刻——无人告知它将来临,直到它真的来临。在普鲁斯特长数千页的整个叙述中,未见片语只言表明它会来临……

在西斯莱、西涅克或修拉的点彩**画作**中,以及在毕沙罗或郁特里罗的一些画作中,彩色的点被安排成蕴含意义的型构:[1]一旦画家完成他的油画,观者就可以看到树木、云彩、草坪、沙滩,看到准备跃入河中的浴者。在点彩**时间**中,每个"生活践行者"的任务就是将点安排成蕴含意义的型构。但与点彩画家的作品不同,这通常是靠着后见之明完成的。型构往往是在回顾时才会被发现;它们很少是事先设计的——而且即便是事先设计的,将彩色墨点从心智地图转移到画布上的画笔,也

---

[1] 阿尔弗雷德·西斯莱(Alfred Sisley, 1839—1899),出生并生活于法国(原籍英国)的印象主义画家。保罗·西涅克(Paul Signac, 1863—1935),法国印象主义画家、版画家兼作家。乔治·修拉(Georges Seurat, 1859—1891),法国画家,新印象主义创始人和主要代表人物。批评家菲利克斯·费内翁在评论修拉的名作《大碗岛的星期天下午》时,创造了"点彩主义"这个术语。卡米耶·毕沙罗(Camille Pissarro, 1830—1903),法国画家,印象主义中心人物,并有一段新印象主义风格时期。莫里斯·郁特里罗(Maurice Utrillo, 1883—1955),法国画家。——译者注

很少像服从于视觉艺术的杰出践行者的手眼那般，服从于"生活践行者"的手眼。

正是由于这些原因，"当下主义"的生活往往是"匆忙"的生活。任何一个点可能包含的机会都将跟随它走向坟墓；对于这个独一无二的机会，不会有任何"第二次机会"。每一个点都可能过得像一个完完全全、如假包换的崭新开始，但如果没有任何明确牢靠的激励展开即时行动，那么幕布会在一幕戏刚开始就立即落下，中间几乎没有发生什么。拖延是针对一连串机会的连环杀手。

所谓的谨慎指的是，对于任何希望在电光石火之间抓住机会的人来说，不存在速度太快这回事；所有的犹疑都是不明智的，因为惩罚很严重。由于对实情的茫然无知肯定会始终存在，直到每一时刻的潜力都得到了充分测试，所以只有抛开一切踌躇的匆促，才可能——也仅仅是可能——抵消大量错误的开端、错误的启程。鉴于前方据信会铺展开宽广的空间，为新的开始做好准备，还有大量的点拥有尚未尝试过的"大爆炸"潜力，其神秘感丝毫无损，因此（到目前为止）并

第一章 消费主义与消费

未造成地位的损失,从过早终局的碎片之中,或者更确切地说,从僵死的开局之中,仍然可能打捞出希望。

是的,的确,在消费主义时代居民的"当下主义"生活中,匆忙的动机在一定程度上也是**获取**和**收集**的冲动。但是,使匆促成为真正律令的那种最为紧迫的需求,仍然有**抛弃**和**替代**的必要性。背负着沉重的行李,特别是由于情感上的依恋或轻率的忠诚宣誓而不能轻易放弃的某种沉重的行李,将使成功的机会化为泡影。"覆水难收"(No point in crying over spilt milk)是每则商业广告背后的潜在信息,承诺一个未经开发的幸福新机会。究竟是现在,即在初次尝试的这一刻就发生大爆炸,还是在那个特定点附近徘徊不前,这已经不再有意义,是时候把它抛在脑后,转移到另一个点位了。作为大爆炸的位置,每个时间点一出现就会消失。

在生产者社会中,错误的启程或失败的尝试之后,最有可能听到的建议是"再试一次,但这次更努力一些——要更灵活、更用功";但在消费者社会中不是这样,在这里,失败的工具将被抛弃,而不是以更好的技能、更多的投入来再次磨砺和应用,以期有更好的效果。因此,当那些昨天的欲望对象,那些过去的希望投资,违背了它们的承诺,无法提供所希望的即时和完全的满足时,它们应该被抛弃——连同任何产生的"爆炸"不如预期那么"大"的关系。当从一个(失败、即将失败或可能失败的)时刻跑到另一个(尚未测试的)时刻时,匆忙的程度应该是最强烈的。人们应该警惕浮士德的惨痛教训,即正是在他希望的那一时刻,他被判永远留在地狱,恰恰是因为这是最令人欣享的时刻,终于驻足,并至永远。而在"当下主义"文化中,希望时间停止是愚蠢、懒惰或无能的症状。这也是一种应受惩罚的罪行。

消费主义经济的兴旺有赖于商品的周转,当更多的货币转手时,消费主义经济被视为蓬勃发展;每当货币转手时,一些消费品就会流向垃圾场。因此,在一个消费者社会中,对幸福的追求——在旨在提高消费者花钱(赚来的钱或预期赚到的钱)意愿的营销活动中,这是最常被援引和用作诱饵的目的——往往被调整,关注点从东西的**制造**或**获取**(更不用说储存),转到东西的**弃置**——这正是国民生产总值增长所需要的。对于消费主义经济来说,以前的关注点现在基本上被

第一章 消费主义与消费

放弃了,因为它预示着最糟糕的担忧:购买热情的停滞、悬置或消退。然而,第二个焦点预示着好兆头:新一轮购物。单纯获取和占有的冲动会为未来积攒麻烦,除非辅之以摆脱和丢弃的冲动。消费主义社会的消费者需要遵循莱奥尼亚(Leonia)居民的奇怪习惯,莱奥尼亚是伊塔洛·卡尔维诺笔下看不见的城市之一:

> 莱奥尼亚的富足,与其以每日生产销售购买量来衡量,不如观察她每天为给新东西让位而丢弃的物资数量。你甚至会琢磨,莱奥尼亚人所真正热衷的究竟是像他们说的那样,享受不同的新鲜事物,还是排泄、丢弃和清除那些不断出现的污物。[33]

专门销售"耐用品"的大公司同样已经接受了这一点,并且承认真正稀缺的服务,因此最受人追捧和重视的服务,是"清除工作"。它的紧迫性与获取、占有的增长成正比。如今,公司很少向客户收取**送货**费用,但越来越多的情况是,它们在有关**弃置**"耐用"品的账单上增加了一大笔钱,新型改进"耐用"品的出现,已经把前者从快乐和自豪的源泉,变成扎眼的东西、耻辱的污名。而摆脱那样的污名,现在成了幸福的条件;人人都会赞成说,幸福需要付出代价。想想从英国转运出的打包垃圾的成本,据露西·西格尔(Lucy Siegle)报道,其重量将很快超过150万吨大关。[34]

38　　专门从事"体表生意"(skin trades)的大公司,即销售专注于客户身体的个人服务的公司,也纷纷效仿。它们热情十足地宣传的、大赚特赚地销售的,就是对以下方面进行切除、去除和弃置的服务:身体脂肪、面部皱纹、痤疮、体味、此后彼后的抑郁,或者大量尚未命名的神秘液体,或过往盛宴的未消化残余物。这些东西非法地沉淀在体内,除非被强行清除,否则不会离开。

　　至于专门将人们聚拢起来的大公司,例如"美国在线"(AOL)互联网约会服务,往往会强调,它们的客户如果(但是当然,也**必须**如此)使用这些公司提供的服务,可以很方便地摆脱不想要的伴侣,或者防止他们的伴侣变得难以摆脱而处久生厌。在提供中介援助时,相关公司强调在线约会体验是**安全的**——同时警告说:"如果您对某些会员感到不舒服,请停止与他们联系。您可以拉黑他们,这样您就不会收到不想要的消息。""美国在线"提供了一长串诸如此类的"安全离线约会安排"。

为了满足所有这些新的需求、冲动、强迫和成瘾,以及为促动、指导和监管人类行为的新型机制服务,消费主义经济必须依赖**过剩**和**浪费**。遏制并吸收以不可阻挡之势大量膨胀的创新的前景变得越来越暗淡——也许已经彻底渺茫。原因就在于,为了保持消费主义经济的运转,已经海量的新奇事物的增加速度,注定会超过任何为已经记录的需求制定的目标。

在消费主义经济中,通常先出现产品(在研发部门发明、偶然发现或常规设计之后),然后才寻求应用它们。它们中有许多,也许是绝大多数,由于没有找到有意愿的客户,甚至试都没有试过,很快就去了垃圾场。但是,即使是少数幸运儿,它们设法找到或唤起了某种需求、欲望或愿望,并可能证明自己与满足这些颇为相关(或最终变得相关),也会在其工作能力远未达到预定尽头之前,就迅速屈服于进一步产生的"新型改进"产品的压力(承诺旧产品所能做的一切都能做但只会做更快更好的产品——并有附赠好处,做点此前没有任何消费者想到需要或考虑支付的事情)。正如托马斯·许兰德·埃里克森指出的那样,生活中的大多数方面,以及大多数服务于生活的小玩意儿,都在以**指数级**的速度增长。[35]在每一种指数级增长的情况下,迟早必然会达到一个点,即供给超过真实需求或人为需求的容量时;通常,该点先于另一个更戏剧性的点到达,即达到供应的自然极限的点。

如果不是因为多了一种在许多方面都很特殊的指数级增长过程所导致的**信息过剩**,人们可能会及时发现物品和服务生产以病态(和明显浪费)的趋势呈指数级增长,认识到它们的性质,甚至可能成功激发补救措施或预防措施。

依照伊尼亚齐奥·拉莫内的计算,在过去的30年里,世界上产生的信息比此前5000年还要多,而"一份《纽约时报》(周日版)所包含的信息,比18世纪一个有教养的人一生中消耗的信息还要多"。[36]要吸取并消化如此大量的当前"可用"信息(这种情况使绝大部分信息被普遍浪费,实际上是胎死腹中),其困难程度,其实质上之不可能,从埃里克森的观察就可见一斑,"在社会科学领域全部已刊发的期刊论文中,超过一半从未被引用过"。[37]这意味着,除了匿名的"同行评审人"和文字编辑,研究产生的信息中有一半以上从未被任何人读过。我不妨补充一点:由于相当多的学术研究作者在他们的参考文献中引用了自己从未读过的文本(学术期刊最广泛使用并得到权威认可的参引系统,根本不要求涉及参引文本的实质内容,其实相当于单纯罗列名目,从而认可并极大地促进了这种操作),任谁都会疑惑,那些最终设法进入社会科学话语的文章内容的比例有多小,更不用说对这种话语的方向有切实的影响了。

埃里克森总结道,"周围有太多的信息"[38],"信息社会中的一项关键技能,就是保护自己免受那些送上门但自己并不想要的99.99%信息的影响"。我们可以说,将有意义的信息(可公开的沟通对象)与背景噪声(前者公认的对手和极为有害的障碍)相分离的界限,几乎已经被洗刷殆尽。

在争夺稀缺资源中最稀缺的东西——潜在消费者的注意力——的生死竞争中,潜在消费品的供应商,包括信息的提供者，拼命寻找消费者仍然闲置的时间碎片，寻找消费时刻之间的分秒间隙，这些间隙仍然可以被填塞更多的信息。它们希望，沟通渠道接收端的匿名人群中的一小部分，在他们竭力寻找自己需要的点滴信息的过程中，会偶然遭遇他们并不需要但供应商希望他们吸收的点滴信息，并继而希望他们能产生足够的兴趣，或者只是疲乏不堪，选择停留或放慢浏览节奏，以便吸收这些点滴信息，而不是他们最初寻求的点滴信息。因此，拾取噪声片段并将其转换为有意义的讯息，就成了一种基本上随机的过程。"促销炒作"（Hypes），即那些旨在将值得欲求的（解读为"有利可图的"）关注对象与非生产性的（解读为"无利可图的"）噪声分开的公关行业产品——比如宣布新影视作品首映的整版广告、新书的发行、广告商大量认购的电视节目的播出，或是新展览的开幕——将持续几分钟或几天的注意力集中在消费欲望的某个选定对象上。在这短暂时段内，它们成功地转移、引导和凝聚了对于"过滤器"的搜索，这样的搜索敏锐而连续，但通常没有引导，趋于分散，在那短暂的间隔之后，它必然会继续有增无减。

第一章 消费主义与消费

由于争夺潜在消费者注意力份额的竞争者数量也呈指数级增长，一旦过滤器被创造出来，过滤任务就会在过滤器投入使用之前超出其过滤能力。因此，"垂直堆叠"（vertical stacking）的现象就越来越普遍，这是比尔·马丁（Bill Martin）创造的一个观念，用来解读音乐时尚的惊人贮存：新奇事物的推动者狂热地努力增强"音乐市场"购物者的吸收能力，使其超出自身容纳力，因为"音乐市场"本就所剩无多的空白区域，也被愈益高涨的新产品和翻新产品的浪潮填满了。马丁认为，就流行音乐而言，"线性时间"和"进步"的意象是信息泛滥最突出的受害者之一。[39]所有可以想象的复古风格，以及所有可以想象的新瓶装旧酒、变旧翻新和抄袭剽窃的形式，仰赖公共记忆的短暂，伪装成最新奇的事物，发现自己还能挤进乐迷有限的注意力周期。

然而，流行音乐只是一种几乎普遍存在的趋势的例证之一，这种趋势同样影响着消费工业所服务的一切生活领域。再次引用埃里克森的话：

> 信息社会不是整齐有序地排列知识，而

>是提供了一连串或多或少随机互联的去语境化符号……换句话说，当越来越多的信息以越来越快的速度散布时，创建叙事、秩序和发展序列也变得越来越困难。碎片有成为主宰力量的危险。这会广泛地影响我们与知识、工作和生活方式之间的关联方式。[40]

格奥尔格·齐美尔在20世纪初就已经以惊人的远见注意到，对知识、工作或生活方式（事实上，是对生活本身及其所包含的一切）采取"腻烦态度"（blasé attitude）的倾向，首先是在"大都市"（metropolis），即四下扩张、体量庞大、人群密集的现代城市的居民身上浮现出来的：

>腻烦态度的本质在于对分辨的钝化。这并不意味着对象没有被感知，就像傻瓜那里的情况一样，而是说事物的意义和有差异的价值，乃至事物本身，都被体验为无足轻重。它们以平淡无奇的调子出现在感到腻烦的人眼前；没有任何一个对象值得优先于其

他对象……所有事物都以相同的比重漂浮在川流不息的货币流中。[41]

一种越来越突出的现象,与齐美尔归在"腻烦态度"名目下发现和分析的现象惊人地相似,宛如这位洞见独特的思想家在其羽翼未丰、初露端倪的早期阶段所探知和记录的趋势,发展到羽翼丰满的成熟版本,如今是在"忧郁"(melancholy)的名目下进行讨论了。今天喜欢使用这个词的论者,往往会绕过齐美尔的预言和警示,进一步向前回溯,直抵亚里士多德之类的古人论述完毕的地方,以及菲奇诺(Ficino)或弥尔顿等文艺复兴时期思想家重新发现并再次审视它的地方。按照罗兰·芒罗的讲法,"忧郁"概念目前的用法"与其说体现出一种优柔寡断的状态,在选择一种与另一种方式之间摇摆不定的状态,不如说体现出面对分歧的退缩";它代表了从"依附于任何特定事物"上的"解脱"。"忧郁"就是"感受关联的无限性,但不被任何东西羁绊"。简而言之,"忧郁"指的是"一种没有内容的形式,拒绝知晓有限的**这个**或**那个**"。[42]

我认为,归根结底,"忧郁"的概念体现出消费者［根据消费者社会的法令，属于选择之人（homo eligens）］普遍遭受的折磨：一方面是选择的义务和强迫/做出选择的成瘾，另一方面是选择的无能。两者之间的致命遭遇，导致了烦闷不安。在齐美尔的词汇中，它代表了客体对象内在固有的转瞬即逝，以及人为构想的无足轻重，在高涨的刺激浪潮中，它们漂移不定，浮浮沉沉。它所代表的那种无足轻重，反映在消费者行为守则中，就成了不加分辨、来者不拒的贪食——这是作为最后一招的最为激进和终极的生活策略形式，在特定的生活环境中对冲赌注，这种生活环境的标志就是时间的"点彩化"，是无从利用可信赖的标准，后者原本可以区分相关与不相关，区分信息与噪声。

人类总是趋乐避苦，这种观察可谓老生常谈，更准确地说，这属于冗言赘语，因为"快乐"的概念最常见的用法，就是指人们希望发生的状态或事件，而"不快乐"代表他们希望避免的状态或事件。"快乐"和"不快乐"的概念都表明了现实本身与所希望的现实之间的距离。有鉴于此，对于那些在不同时空下以不同的生活方式生活的人，想要比较他们各自经历的幸福是何等程

第一章 消费主义与消费

度,一切尝试都只能是错误的,最终注定徒劳无获。

事实上,如果人群A一生都在与人群B不同的社会文化环境中度过,那么宣布A或B哪一群人"更快乐"将会徒劳无益,或是自以为是。快乐的情绪是否存在,来自希望和期望,也来自习得的习惯,而这些都必然因社会环境而异——因此,人群A喜欢的美味肉食很可能被人群B视为令人作呕和有毒。如果人群B被运送到已知使人群A感到快乐的状况中,那么人群B可能会感到极度痛苦;反之亦然。而且,按照我们从弗洛伊德那里得知的情况,虽然牙痛的突然结束可能会让患者感到非常快乐,但不痛的牙齿几乎不会让人感到如此……如果忽视不共享经验的因素,我们能指望从那些比较中得到的最好信息,就是关于抱怨的倾向,关于对受苦的容忍,有其选择性,受时间或地点的限制。

因此,关于液态现代的消费主义革命是否使人们相较于其他人——比如那些在固态现代的生产者社会中度过一生的人,或前现代时代的人——更加快乐或更不快乐,这个话题在所有话题中最难下定论(并最终聚讼不已),而且很可能永远如此。无论什么评估,只有基于**评估者的**特定偏好,囿于他们有限的想象力,听起来才会令人信服。要编制属福属祸的名册,当然是看在盘点被认为和/或希望能带来快乐的事情时,正盛行什么样的有关幸福和痛苦的观念。

评估者和被评估者的立场、经验、认知视角和价值偏好,都注定会双方面地、无可救药地不协调,使人们怀疑是否有可能达成任何一致的观点。评估者从未在被评估者视为寻常的条件下**生活**(有别于短暂造访,后者在旅行期间还保留着参访者或旅游者的特殊地位)——而被评估者永远不会有机会对评估做出回应,即使他们有这样的(事后)机会,也没有能力判断一个自己毫无一手经验的完全陌生的环境,具有哪些相对优势。

因此,关于消费者社会产生快乐的能力有哪些相对优势(频繁)或劣势(不经常),人们听到或读到的判断是缺乏认知价值的(除非通过它们去洞察其作者言明或隐含的价值观念),所以最好避免进行比较评估。相反,人们应该关注可能揭示该社会实现**自身**承诺的能力的材料;换句话说,通过**其本身**所倡导的价值观念来评估其绩效,同时承诺会让这些价值观念的实现变得容易。

快乐的生活是消费者社会最典型的价值,实际上也

第一章 消费主义与消费

是它最高的价值，其他所有价值都要据此来证明其自身的价值；事实上，消费者社会也许是人类历史上唯一一个承诺在**尘世生活**中快乐的社会。快乐就在**此时此地**，以及**每一个**接续而来的"当下"；简而言之，一种**即时**但也**永续**的快乐。它也是唯一一个顽固地避免为任何种类的不快乐提供**正当化**和/或**合法化**的社会（除了施加于罪犯的痛苦，作为他们罪行的"应得报应"），拒绝**容忍**不快乐，并将其描述为要求予以惩罚、做出赔偿的**可憎之物**。事实上，正如在拉伯雷笔下的特来美修道院或塞缪尔·巴特勒（Samuel Butler）所描写的埃里汪，[1] 在消费者社会中，不快乐是一种应受惩罚的罪行，或者往好里说也是一种罪恶的偏离，使具有这种状况的人失去名副其实的社会成员资格。

因此，向液态现代消费者社会的成员提出"你快乐吗？"这个问题时，它的地位与向没有做出类似承诺和担当的社会的成员提出同一问题截然不同。消费者社会的兴衰取决于其成员的快乐——对于史上其他任

---

[1] "特来美"（Telème）典出拉伯雷小说《巨人传》；"埃里汪"（Erewhon）典出巴特勒小说《埃里汪奇游记》，该词系倒写"nowhere"生造而成，后者即"乌有之乡"。——译者注

何社会而言，其程度都是不曾了解的，也是几乎不可理解的。消费者社会的成员对"你快乐吗？"这个问题所给出的答案，可以合理地视为对该社会成败的终极检验。而从许多国家的大量调查中收集到的这类答案所暗示的裁断，一点也不让人欢喜。这可以从以下两个方面来看。

其一，理查德·拉雅尔（Richard Layard）在他讨论快乐的书中收集的证据表明，只有达到一定的阈值，所报告的快乐情绪才会随着收入的增加而增长。这个阈值与满足"基本"或"自然"的"生存需求"的点——被消费者社会贬低为原始的、不成熟的或过分抱守传统的那些千篇一律的消费动机（其实本质上与快乐相悖）——相吻合。它努力用更灵活、更广泛的**欲望**，更具想象力和冲击性的**愿望**，取代前述动机，或至少将其边缘化。超过这个相当适度的阈值，财富（以及可推测的消费水平）和快乐之间的相关性就会消失。收入的进一步增加并不会增加快乐。

诸如此类的发现表明，与高层的承诺和流行的信念相反，消费既不是快乐状态的同义词，也不是某种必然会带来快乐状态的活动。在拉雅尔的术语中，消费被

第一章　消费主义与消费

视为"享乐踏车",[1]并不是一台获得专利可以产生越来越多的快乐的机器。事实似乎恰恰相反:正如研究人员仔细整理的报告所暗示的那样,登上"享乐踏车"并不能提高其践行者的满足感总量。消费增长快乐的能力颇为有限;它不能轻易地超越满足基本"生存需求"的水平〔与亚伯拉罕·马斯洛(Abraham Maslow)定义的"存在需求"不同〕。而且,通常情况下,当涉及马斯洛的"存在需求"或"自我实现需求"时,消费作为一种"快乐因素",被证明纯属不幸。

其二,没有任何证据表明,随着整体(或"平均")消费量的增长,报告他们"感到快乐"的人数也会增加。英国《金融时报》的安德鲁·奥斯瓦尔德(Andrew Oswald)表示,记录下来的更有可能是相反的趋势。他的结论是:属于消费驱动型经济的高度发达的富裕国家的居民,并没有随着财富的增长而变得更加快乐。[43]另外,人们也可能注意到,不适和不快乐的负面现象及其致因,例如压力或抑郁,长时间缺乏社交的

---

1 "hedonic treadmill","treadmill"这种踏车,发展到今天固然被称作"跑步机",但因其"上去就下不来"式的性质,被用来惩罚罪犯,也用来形容无尽繁重的劳役。——译者注

工作，恶化的人际关系，缺乏自信，以及令人精神崩溃的有关安全稳定和"保持正确"的不确定性，都往往会愈益频繁、扩大、加深。

不断增长的消费诉求的地位充当通向更多人的更大快乐的康庄大道，为此提出的论据尚未得到证实，更不用说结案了。这桩案件仍然大可推敲；随着对相关事实的细致审议，勘合现场，有利于原告的证据变得越发可疑和薄弱。随着审判的进行，对立的证据不断积累，证明或至少强烈暗示，与原告的主张相反，消费导向型经济积极助长了不满情绪，削弱了信心，加深了不安全感，反倒成为它原本承诺要治愈或驱散的环境恐惧的来源——这种恐惧充盈着液态现代生活，成为液态现代版的不快乐的首要致因。

消费者社会的前提是承诺满足人类的欲望，其程度是过去其他任何社会所无法达到的，甚至做梦也无法达到。尽管如此，只有在欲望**尚未得到满足**的时候，更重要的是，只有当客户还不"**完全**满意"的时候，也就是说，只有当那些激发和启动寻求满足感、促进消费主义实验的欲望，还没有被认为得到真正而充分的满足的

第一章 消费主义与消费

时候，有关满足的承诺才能保持诱惑力。

容易满足的"传统劳动者"——他们不会同意工作超过允许习惯性生活方式继续下去所必需的程度——是方兴未艾的"生产者社会"的噩梦，无独有偶，"传统消费者"受着昨日熟悉的需求引导，乐得闭上双眼，堵上双耳，抗御商品市场的奉承与诱饵，以便能遵循旧有的惯例，抱守自己的习惯，这将会敲响消费者社会、消费工业和消费市场的丧钟。梦想的阈限低，容易获得足够的物品来达到这个阈限，相信对于"真正的"需求和"切合实际的"欲望，存在客观的界限，难以或不可能协商妥协：这些都是消费导向型经济面临的极其可怕的不利因素，因此应该推动人们忘记这些。欲望的无法满足，以及不可动摇、不断更新、反复强化的信念，相信一次接一次满足欲望的尝试都完全或部分归于失败，留下大量有待满足的欲望，可以比之前做得更好，这些才是消费目标型经济的真正飞轮。

消费社会只要设法使其成员的**不满足**（因此，用它自己的话来说，他们的不快乐）**持久存在**，它就会蓬勃发展。而达到这种效果的明确方法，就是在消费品被炒作进入消费者欲望的世界后不久，又对其进行诋毁和贬值。但是，另有一种方式能做同样事情，并且更加有效，却仍处于半遮半掩的状态，除了富有洞察力的调查记者之外，它很少被带到聚光灯下，也就是说，通过满足每一点需求/欲望/需要来达到效果，但其方式是使消费者不得不产生新的需求/欲望/需要。一开始是为了满足某项需求而展开的一次努力，最终必然是一种强迫或成瘾。只要在商店里，而且只在商店里，寻求解决问题、缓解痛苦和焦虑，这样的冲动仍然是行为的一个方面，不仅被允许，而且被热切地鼓励，凝缩成一种习惯或策略，没有明显的替代选择，只要还是这样，就会出现上述演变。

承诺和交付之间的巨大差距既不是功能失调的迹象，也不是疏忽的副作用或误算的结果。**在大众信仰和消费者生活现实之间，是盛行虚伪的领域，这是消费者社会功能正常运转的必要条件。**如果要继续寻求实现，如果新的承诺要具有诱惑性和吸引力，就必须经常打破已经做出的承诺，并且需要经常挫败对于实现的希望。每一个承诺都**必然**是欺骗性的，或者至少是夸大其词，以免追寻中止，或者追寻的热情（以及它的强度）低于保持工厂生产线、商店和垃圾箱之间商品流通所需的水

第一章　消费主义与消费

平。如果没有欲望的反复受挫，消费需求将很快枯竭，消费目标型经济将失去动力。正是承诺总数的**过剩**，抵消了因为每个承诺的不完美或瑕疵而造成的挫败感，并使受挫经验的积累不会削弱对于追寻的最终效力的信念。

有鉴于此，消费主义除了是一种过剩和浪费的经济学，也是一种**欺骗的经济学**。它寄希望于消费者的**非理性**，而不是他们的完全知情和清醒的计算；寄希望于唤起消费主义**情绪**，而不是培养**理智**。就像过剩和浪费一样，欺骗也并不意味着消费经济的功能失调。恰恰相反，它是消费经济健康状况良好并牢固保持在正确轨道上的症状；是唯一一种可以确保消费者社会维持生存的体制的独特标志。

一个接一个的消费供给，原本被期望（承诺）满足业已唤起的欲望，以及其他一些有待被诱导萌生的欲望，现在又被丢弃，留下堆积如山的破灭了的期望。期望的死亡率居高不下；在一个正常运作的消费社会中，它必须稳步上升。希望的预期寿命是微不足道的，只有大力提高生育力，保持超高的出生率，才能使它们免于日渐衰微，乃至彻底灭绝。为了保持期望的活力，为了迅速填补已经名誉扫地并被抛弃的希望所留下的空白，从商店到垃圾箱的道路需要缩短，通行需要更加迅捷。

消费者社会的另一个关键特征，使其有别于其他已知的所有精良有效的"模式维持"（pattern maintenance）和"张力管理"（tension management）安排［回想一下塔尔科特·帕森斯（Talcott Parsons）的"自我平衡系统"（self-equilibrating system）的先决条件］，包括其中最为巧妙的安排。

消费者社会已经发展到有能力以前所未有的程度，吸收它与其他类型的社会一样不可避免地孕育出的一切异议，然后将其循环利用，作为自身再生产、振兴和扩张的主要资源。

消费者社会的意图和动力，源于它熟练地生产出来的不满。它提供了一个典型的例子，说明托马斯·马蒂森（Thomas Mathiesen）最近称之为"悄然消声"（silent silencing）的过程：[44]使用"吸收"的策略，将系统产生和传播的异议与抗议扼杀在萌芽状态——这意味着"起源上是超越的那些态度和行动"，也就是以外爆（explosion）或内爆（implosion）威胁系统——却"以

第一章 消费主义与消费

这样一种方式整合到通行秩序之中，从而继续服务于占支配地位的利益。这样，它们就不会对通行秩序构成威胁"。我还要补充一点：它们被转化为加强和不断复制该秩序的主要资源。

如果没有消费主义社会和文化的液态现代环境，反复实现这种效果所仰赖的首要方式将是不可想象的。这种环境的特点就是对人的行为的高度去管制化和去常规化，这与人类纽带的削弱和/或崩溃——通常被称为"个体化"——直接相关。[45]

购物生活的主要吸引力就在于，有丰富的新生和复活（"重生"的机会）可以供给。无论这种供给有时可能被认为多么具有欺诈性，并最终令人感到挫败，但在市场供应的身份工具包的帮助下，持续关注自我认同的塑造和重塑的策略，仍将是唯一可信或"合理"的策略，能跟上这万花筒般变幻无定的环境。在这样的环境中，"整体生活规划"和长期计划算不上切合实际的主张，被认为是不明智的、没头脑的。与此同时，相对于心智吸收和循环利用的能力，"客观可用"的信息总有可能产生令人倍感无力的过剩，并引起回应，导致生活选择的持续过剩，超出了接受过实践检验并可供审查和评估的人生道路的数量。

一个充分发育、历练丰富的消费者，其生活策略被各种"新的曙光"的愿景所包裹；但是，遵照当时还是学生的卡尔·马克思所使用的比喻，那些愿景就像飞蛾，吸引它们的是居家一隅的灯火，而不是如今隐藏在视界之外的普天朗日的光芒。在液态现代社会中，乌托邦与其他所有需要团结合作的集体事业的命运相同：它们被私人化，并割让给（"分派给"）个体的私己关注和责任。在新的曙光的愿景中，明显缺少的是景观的变化：预期会改变的，并且大可确定会"改善"的，只是观察者的个人位置，以及因此她或他欣赏景观的瑰奇和魅力的机会，同时逃避任何不那么吸引人的，或纯粹令人反感、令人作呕的景象。

二十年前，柯莱特·道林在一本读者甚众、影响广泛的书中宣称，对安全、温暖和照护的欲望是一种"危险的感觉"。[46]她警告步入成年的灰姑娘要小心落入陷阱：她认为，在照护他人的冲动和被他人照护的欲望中，潜伏着可怕的危险，甘于依赖，失去选择目前最有利的时机冲上潮头的能力，以及在波浪改变方向的瞬间迅速更换涛头的本事。正如阿莉·拉塞尔·霍克希尔德所评论的那样:"她对依赖另一个人的恐惧唤起了美国牛仔的形象,孤身,超然,纵马遨游……于是,在灰姑娘的灰烬之上,升起了一个后现代女牛仔(cowgirl)。"[47]当时最受欢迎的情感咨询类畅销书"悄悄告诉读者:'情感投资者要小心。'"……道林告诫女性"将自我作为单飞的事业来投资"。霍克希尔德观察到:

> 构成亲密生活商业精神的是一系列特别的意象,它们为不信任的范式铺平了道路……办法是提供一种严加防御免受伤害的自我作为理想……自我可以做出的英雄行为……是超脱,离开,减少对他人的依赖和需要……在许多冷静分析的现代书籍中,作者为我们准备了就在那里、不需要我们养育的人,以及不会或不能养育我们的人。

让世界上有更多乐于照护的人,并诱导人们更多地去照护他人,这样的可能性在消费主义乌托邦描绘的全景图中并不突出。相反,消费主义时代的男女牛仔们的私人化乌托邦所展现的,是大大扩张了的"自由空间"(当然,对**我自己**来说是自由的);一种空洞的空间,液态现代的消费者一心想独奏表演,只追求独奏表演,总是需要更多,永不餍足。液态现代消费者所需要的,并且被各方建议不遗余力去征战和防御的空间,是只有通过驱逐其他人才能征服的——特别是那些照护他人和/或可能需要被照护的人。

消费市场从固态现代科层机构手中接过了"价值中立化"的任务:从"与人共存"的加强针中挤出"为人而存"的毒药的任务。正如伊曼纽尔·列维纳斯(Emmanuel Levinas)思考时所暗示的那样,"社会"并不是使天生利己主义者能够彼此和平友好共处的新发明(如霍布斯所提出的观点),而可能是一种策略,通过切断每次出现他人面孔时都会产生的挥之不去的"对他人的责任",使其中立化,使其归于沉默,使得普遍具有道德属性的人类能够过上一种自我中心、自我指涉、自我本位的生活;事实上,这种责任是与人类共处不可分割的……

弗兰克·莫特指出,根据亨利预测中心(Henley Centre for Forecasting,一家为消费工业提供服务的营销组织，提供有关潜在英国客户闲暇时间使用模式变化的信息）的季度报告，在过去二十年中，最心仪、最优先选择的娱乐清单中的前列，总是由这样的消遣活动占据着：

> （这类消遣）主要通过基于市场的供应形式来获取，包括个人购物、外出就餐、DIY和视频观看。排在榜单末尾的是政治，参加政治集会与看马戏表演都位居英国公众最不可能做的事情之列。[48]

第二章

消費者社会

第二章 消费者社会

如果说消费主义**文化**是消费者社会的成员思考行事做派的一种特定方式，或者说在这种文化中，他们可以"不加反思地"行事——又或者说，**不用**思考什么是自己的人生宗旨，相信什么是实现这一宗旨的正确方式，如何将与该宗旨相关的事物和行为同被他们视为无关紧要的事物、行为区分开来，什么让他们兴奋，什么让他们保持冷淡或漠不关心，什么吸引他们，什么令他们反感，什么促使他们采取行动，什么又使他们避而远之，他们欲求什么，又惧怕什么，在什么时候诸般恐惧和欲望相互平衡——如果这样说，那么消费者**社会**代表的就是一组特定的生存状况，在这种状况下，绝大多数男女欣然接受消费主义立场的可能性高于其他任何文化，大多数时候他们会尽其所能遵守其戒律。

"消费者社会"是这样一种社会，它**主要就其作为消费者的能力**（回想一下路易·阿尔都塞创造的一度很流行的术语）"询唤"（interpellates）其成员（向他们致言、打招呼、呼唤、呼吁、提问，但也打断和"阻断"他们）。在这样做的时候，"社会"（或任何隐藏在这个概念或意象背后的拥有强制武器和说服手段的人类机构）期望被听到、被倾听、被服从；它根据其成员对询唤的反应是否及时，是否适当，来对他们做出评估，即实施奖惩。因此，在消费主义表现的卓越/无能轴线上，能获得或被分配什么样的位置，就变成了分层的最重要因素，变成了包容和排斥的首要标准，并指导社会尊重和污名的分配，以及赢得公众关注的份额。

换句话说，"消费者社会"代表这样一种社会，它促进、鼓励或强制选择某种消费主义生活方式和生活策略，嫌恶所有替代性的文化选择；置身这样的社会，适应消费文化的戒律，并严格遵守这些戒律，实际上就成了唯一不受质疑地赢得认可的选择；这是一种可行的选择，因此也是一种貌似合理的选择，还是获得成员资格的一种条件。

第二章　消费者社会

这是现代历史进程中一次令人瞩目的转向,事实上,是一座分水岭。弗兰克·特伦特曼做出了全面详尽而令人大开眼界的尝试,在众多现代思想家前前后后用来描述新兴社会现实的词汇中,追溯"消费"和"消费者"概念所占据的位置。按照他的发现,

> "消费者"这个词在18世纪的话语中几乎无踪影。值得注意的是,在18世纪作品在线(eighteenth-century collection online)收录的15万件作品中,只有7件出现这个词:两次是指私人客户……一次是指支付殖民地货品进口关税的客户,一次是指承受贸易商抬价的客户,以及……两次是谈到了时间("时辰的快速消费/消耗者")。[49]

我们可以看到,在所有事例中,它似乎都是一种对居于边缘、略显怪异的人物的称呼,并且可以肯定,与经济的主流只是间接相关,与日常生活的整体就更谈不上什么关联了。在接下来的一个世纪里,这方面没有发生任何根本变化,尽管在销售手法、广告宣传、

展示技术，以及最后但并非最不重要的一点，拱廊街（Arcades）——当代购物中心的原型［按照乔治·瑞泽尔的巧妙命名，那些"消费的殿堂"（temples of consumption）］——等方面，有了丰富的文献记录，增长态势十分壮观。迟至1910年，"《不列颠百科全书》第十一版只发现有必要收入'消费'这一则短条目，将其定义为物理意义上的浪费，或经济学中关于有用的东西被破坏的某种'技术术语'"。

在现代历史的大部分时间里（整个大规模工业工厂和大规模征兵入伍的时代），社会"询唤"了占其成员一半的男性中的大部分，他们主要是生产者和士兵，而几乎所有另一半成员（女性）首先是按约向他们提供服务的人。

因此，服从命令和遵守规则，与被赋予的位置相和解，并将其视为无可争辩的立场，忍受漫无尽头的苦差事，平静地顺从单调的例行公事，愿意推迟满足，甘心接受工作伦理（主要意味着同意为工作而工作，无论其有意义还是无意义）[50]——那些成员对这里主要的行为模式进行了细致入微的训练和演练，并且被期望习得和内化。最重要的是这些未来的工人或士兵的**身体**；其次，他们的**精神**是要被扼制的，一旦它归于麻木，从而"失去活力"，它就可以被弃用且不会产生任何后果，因此在大多数情况下，在规划政策措施和策略步骤时，它被忽略不计。生产者和士兵的社会聚焦于身体的管理，以便使其大部分成员适宜于居住在他们预定的自然栖居地，也就是工厂车间和战场，并在那上面展开行动。

与生产者和士兵的社会截然不同，消费者社会将其训练和强制的压力集中在对**精神**的管理上，这些压力从童年早期就开始施加于社会的成员，并将贯穿其一生——将身体的管理留给个体进行的DIY劳动，由精神上受到训练和强制的个体各自监督和协调。如果成员们要适宜于在新的自然栖居地居住并展开行动，就像被包裹在购物中心和街道周围——前者是用来寻觅、发现并获取货品的地方，后者是用来公开展示从商店里获取的商品以赋予其承载者商品价值的地方——那么这种焦点的改变就变得不可或缺。正如伊利诺伊大学（University of Illinois）的丹尼尔·托马斯·库克对新趋势的总结：

55
> 围绕儿童的消费文化展开的战斗,相较于在商业范围不断扩大的背景下,围绕人的本质和人格格局的战斗,毫不逊色。从商业世界中产生,以其为指涉并密切关联的那些材料、媒介、图像和意义,儿童都卷入其间,在当代生活中人和道德立场的塑造过程中,这种卷入都占据了中心地位。[51]

一旦他们学会阅读,甚或更早的时候,孩子们的"购物依赖"就开始了。对于男孩和女孩,并没有任何单独的培训策略;与生产者不同,消费者的角色不分性别。在一个消费者社会中,**每个人**都需要成为、应该成为、必须成为一名天职消费者(consumer-by-vocation,也就是说,将消费视作一种天职并以此应对);在那个社会中,被视作一种天职并以此应对的消费,成了人的一项普遍权利,**也是**一项普遍义务,毫无例外。在这方面,消费者社会不承认年龄或性别的差异(无论多么反事实),也不会考虑两者;它也(公然反事实地)不承认阶级区隔。从全球信息高速公路网络的地理中心,到最偏远、最贫穷的边缘地带——

第二章 消费者社会

> 穷人被迫陷入这样一种境地：他们要么不得不将自己仅有的一点金钱或资源花在毫无意义的消费物品上，而不是基本必需品上，以抵御整体上的社会羞辱；要么面临被取笑和嘲弄的前景。[52]

消费主义的天职最终有赖于个体的表现。从市场提供的各种服务中，**选择**那些可能需要的服务，以使个体表现能够顺利进行，这也被认为是个体消费者的关切所在：这项任务必须借助**个体**获得的消费技能和行动模式，**由个体**承担和解决。消费者受到来自方方面面的建议的轰炸，即如果他们希望能够获得并保持他们所欲求的社会地位，履行他们的社会义务，保护他们的自尊，就需要装备商店供应的这样或那样的产品——并且被看到、被承认做了这一切——在这样的轰炸之下，无论什么性别、年龄和社会地位的消费者，都会感到不完美、有缺陷、不合格，除非他们及时响应号召。

出于同样的原因（由于"社会适应性"的问题转化为个人责任和个体对自己的照护），消费者社会中的排斥主义做法要比生产者社会严格、苛责和顽固得多。在生产者社会中,男性要是无法达到标准,无法通过生产或作战能力测试,就会被塑造为"异常",并被贴上"不合格者"(invalids)的标签。随后,他们要么被归类为治疗的对象,希望使他们重新适应,并重新"回到队伍";要么被归类为刑事政策的对象,以阻止他们抵制浪子回头。而在消费者社会中,被标定为排斥(一种最终的、不可撤销的排斥,不允许上诉)的"不合格者",是"有缺陷的消费者"。与生产者社会中的不适应者(失业者和被军队除名的人)不同,他们不能被视为值得照护和援助的人,因为人们假定,遵守和履行消费文化的戒律是(公然反事实地)可以持续地、普遍地达成的。每个人只要愿意如此,都可以接受并应用[人们即使拥有所需的技能也可能得不到工作,但是,除非我们谈论的是某种"需求专政"(dictatorship over needs),否则如果他们有钱支付其价格,就不能被拒绝购买消费品],遵守戒律被认为完全取决于个人的意愿和表现(再次反事实)。由于这一假设,在消费者社会中,任何会带来排斥的"社会不合格"都只能是个人过错的结果;任何对失败的"外在"原因的怀疑,即超个人的、根植于社会的原因,从一开始就被消除,或者

第二章 消费者社会

至少被怀疑,被取消作为有效辩护的资格。

因此,"消费"就意味着投资自己的社会成员资格,在消费者社会中,这种社会成员资格可转译为"可销售性":获得某种市场已经需求的品质,或者将现有商品的品质循环利用,以使其继续创造需求。消费市场上提供的大多数消费品,其吸引力和招揽意向客户的能力,都来自其真实的或被推算的、明确宣传的或隐含的**投资价值**。它们承诺会提高买家的吸引力,从而提高买家的市场价格,这样的承诺以大小不等的字体白纸黑字写进所有产品的说明书,或至少在字里行间蕴含此意——包括那些表面上主要甚或完全是为了纯粹的消费愉悦而购买的产品;消费就是对足以影响个体"社会价值"和自尊的一切的投资。

消费者社会中消费的关键目的,也许是决定性的目的(即使很少用这么多词来阐明,更不经常公开辩论),并不是满足需求、欲望和要求,而是实现消费者的商品化或再商品化:**将消费者的地位提高到可销售商品的地位**。因此,归根结底,要进入已经被重塑为市场类似物的社会,通过消费者测试是一个不可谈判的条件。通过这一测试是所有**契约**关系的**非契约性先决**

条件，这些契约关系编织着并被编织进称为"消费者社会"的关系网中。正是这种不允许任何例外也不容忍任何拒绝的先决条件，将买卖双方交易的聚合焊接成一个想象的整体；或者更确切地说，允许将这种聚合作为一个被称为"社会"的整体来被体验——可以把"提出要求"和强迫行动者服从这些要求的能力指派给这个实体——允许将涂尔干意义上的"社会事实"的地位指派给它。

消费者社会的成员本身就是消费品，正是作为消费品的品质，使他们成为该社会的真正成员。占据并保持一种可销售商品的地位，是消费者关注的最有力动机，即使它通常是潜在的，很少有自觉意识，更不用说明确宣布了。评估消费品——触发消费行动的消费者欲望的当前或潜在对象——的吸引力，看的往往是它们提高消费者市场价格的效力。"使自己成为可销售的商品"是一项DIY工作，是一项个人的职责。我们要注意：面临的挑战和任务是**打造**自己，而不仅仅是**成为**自己。所谓没有人生来就是完整的人，要**成为**完整的、真正的人，还有很多要做，这种观念并不是消费者社会的

第二章 消费者社会

发明——甚至不是现代的发明。但是，君特·安德斯在1956年所描述的"普罗米修斯式羞耻"，[53]是未能履行职责，使自己与现有"成为"的样子不同（还可能更好）的羞耻。

用安德斯的话来说，"普罗米修斯式**挑战**"是"拒绝欠某人（或某物）任何东西，包括自己"，而"普罗米修斯式**骄傲**"是"包括自己在内的一切都归功于自己"。显然，正是自己，"**自己的自我**"，是我们今天呈现普罗米修斯式在世生存方式（或者更确切地说，当代对普罗米修斯式雄心的解读/扭曲/歪曲）中的争论焦点、利害所系和主要奖品。而单纯的"成为"，可算不上作为母亲怀孕和生育的偶发事件的结果。

自启蒙后的现代时期以来，所谓"单纯存在"远远没有达到设计的潜在完美性，这一点一直是具有普遍约束力（即使不是被普遍接受）的世界观的公理。用理性武装起来的人类能够改善、应该改善而且将会改善自然——以及改善**他们自己的本性/自然**（nature），即使得他们在世界上出现并决定他们"成为"过程的"自然"。因此，普罗米修斯的壮举不再是半神半人的一次性传奇成就，而是人类在世存在本身的模式或命运。世界的形貌——它的"完美"程度——现在成了一个属于人类关心和人类有目的的行动的问题。每个个体的形貌,以及他或她的完美程度,也同样如此,哪怕关联颇为间接。

因此,普罗米修斯式挑战和骄傲必须再迈出一步,才能孕育出普罗米修斯式**羞耻**。我认为,这决定命运的一步就是从生产者社会过渡到消费者社会:前者的特点在于其对规范调控的管理精神、对劳动的分工与协调、产生顺从的监督,以及对于被监管的遵从;而后者的关切、任务、处理任务的方式,以及应对任务处理的效果的责任,具有忽而强迫、忽而自愿的个体化和自我指涉性特征。这一步预示着一种放大了的强调,使其他一切相形见绌,强调"自己"无论是对于重塑世界的职责,还是对于这种职责成败的责任,都既是其主要**客体**,同时也是主要**主体**:强调个体自我既是普罗米修斯式存在模式的看守者,又是被看守者。

生产者社会公开争取得到其对成员的优势,"社会"层面的利益、抱负优先于个人和"群体"层面的利益、抱负,并出于同样的原因,将创造世界的作者身份设定为理性指导下的人类行动的设计。生产者社会就此

第二章 消费者社会

通过设计或默认,承担了某种"集体普罗米修斯"的角色——从而用对规范的遵从,代替了个体对产品质量的责任。而消费者社会将普罗米修斯的角色以及对其表现的责任"外包"给个人,或者说向个体"发包""分派"。与普罗米修斯式挑战或骄傲不同,普罗米修斯式羞耻是一种彻底个体性的情绪。"社会"从不感到羞耻,也不能感到羞耻;羞耻只能被想象为一种个体境况。

社会已经明确或至少在实践中放弃并抛却了它以前声称的普罗米修斯式地位,现在将其隐藏到了它的设计的背后。曾经归于某种高等存在的那些权威和特权,曾经是"人类社会"独一无二、招人羡妒而倍加戒护的财产,已经落到了人类的产品上,也就是人类理性、创造力和技能的那些物质痕迹。一个"肉胎凡人"(man born of woman),一种纯属偶然的自然的单纯副产品,宁愿胡乱糊弄或不管怎样以可耻的低劣方式完成的那些工作,这些人类产品却能够完美或近乎完美地完成。正是这种设计,每天以消费工业产品的形式与人往来,如今高高盘旋在每个人类个体的头上,作为完美的典范,作为努力去模仿(诚然注定要失败)的模式。

安德斯接受了物（res）的优越性，然后提出："人类拒绝接受自己物化的不完整性，认为这等于失败。"出生和"成为"，而不是从头到尾完全捏造，现在倒成了一个令人羞耻的理由。普罗米修斯式羞耻是这样一种情绪："众生男女一看到自己捏造的事物呈现出令人屈辱的高质量，就会茫然失措。"安德斯引用尼采的话说，如今的人体（凭借自然的意外而得到的身体）是"必须克服"并被抛在后面的东西。"原始的"、未经修饰的、未经重新塑形的、未经加工处理的身体，是值得为之羞耻的身体：见之生厌，总是留下很多有待欲求之处，最重要的是，这是未能尽责的活生生的见证，或许也是"自我"的失职、无知、无能和无资力的活生生的见证。安德斯认为，"裸体"，即基于共同认识，出于其"所有者"的礼仪和尊严而不应公开暴露的物体，如今并不意味着"没有穿衣服的身体，而是没有做任何工作的身体"——一个不够充分"物化"的身体。

成为消费者社会的成员是一项艰巨的任务，是一场永无止境的艰苦斗争。对不遵从的恐惧已经被对不充

第二章　消费者社会

足的恐惧所挤掉，但并没有因此变得不那么令人困扰。消费市场渴望利用这种恐惧，而提供消费品的公司则在客户无休止地努力迎接挑战的过程中，争夺最可靠的向导和助手的地位。它们提供"工具"，即个体履行的"自我塑造"工作所需的工具。然而，可以根据《商品说明法》（Trade Descriptions Act）起诉它们：依照安德斯的主张，它们制造的货品说是个体用于决策的"工具"，实际上是"事先做出的决定"。[54]在个体面临做出决策的职责（被表现为机会）之前，它们早就已经准备好了。正如安德斯所说，认为那些工具使个体得以选择目标，是荒谬的想法。这些工具是不可抗拒的"必要性"的结晶——现在和以前一样，人类为了获得自由，必须学习、服从和学会服从……

富有洞察力的《卫报》记者迪卡·艾肯黑德在科茨沃尔德（Cotswolds）采访了一些十六七岁的女孩，其中有一位承认：

> 好吧，如果我穿着我现在穿的衣服（牛仔裤和T恤）出门，人们会盯着我追问，说你为什么不穿一些特别的、性感的衣服？13岁

时我们就穿着这样的衣服出门。那时你穿这样的衣服看起来就很时尚。[55]

受访群体中另一个20多岁的人补充说:"关于性感身体是什么样的提醒无处不在,随着年龄的增长,我越来越担心自己是否符合标准。""性感衣服"和"性感身体的样子"的含义都是由当前的时尚决定的[时尚会变,并且变得很快:十六七岁的年轻人"不知道带有'实习宝贝'(Trainee Babe)等口号的青少年前期款T恤直到20世纪90年代才流行起来,得知少女们曾经穿着不同而似乎很惊讶";艾肯黑德注意到,当告知其中一个人"在70年代,少女不剃腋毛"时,这个人"看起来难以置信"]。获得这些衣服的新款式,修饰这些外观,更换或修饰落伍的款式,是得到并保持别人需求的条件:保持足够的令人欲求的程度,以找到有意愿的顾客,无论是否有金钱交易。即将离任的英国工业联合会(Confederation of British Industry)会长迪格比·琼斯(Digby Jones)在谈及一个完全不同的劳动力市场时指出,成为"有需求商品"的人的唯一条件,是"适应性强、训练有素、价值够高,以至于没有雇主敢解雇

第二章 消费者社会

或虐待他们"。[56]

人类历史在占其主导地位的"辉格党"版本中（在其"官方版本"中，通常同时通过学术描述和流行的想象复制），被表现为迈向人的自由和理性的漫长征程。

它的最新阶段，即从生产者和士兵的社会到消费者社会的过渡，通常被描绘成个体的渐进解放，最终是彻底解放的过程，摆脱"别无选择"和后来的"有限选择"的原始条件，摆脱编写好的剧本方案和强制性的例行常规，摆脱命中注定、预先指定、不可协商的纽带，摆脱强制义务的或至少是不可挑战的行为模式。简言之，这段过渡被描绘成又一次飞跃，可能是最后决定性的飞跃，从束缚和不自由的世界，进入个体自治和自我主宰的世界。这段过渡还往往被刻画成个体自我主张权的最后胜利，而这种权利首先被理解为不受羁绊的主体享有不可分割的主权；主权又往往被反过来解释为个体的自由选择权。消费者社会的个体成员首先被定义为选择之人（homo eligens）。

还有一个是潜在的版本，几乎从不以公开方式，而总是以隐藏的、看不见的却不可或缺的方式提示着，

62　第一个版本会以相当不同的面貌，呈现同一段过渡。这段过渡不是个体摆脱多重外在强制而获得最终解放的一步，而可能呈现为商品市场对生活的征服、吞并和殖民化——这种征服和殖民化最深刻（尽管被压抑和隐蔽）的意义，就是将成文和不成文的市场法则提升到生活戒律的等级；要是忽视这种戒律，破坏规则者就一定会面临危险，往往会受到遭排斥的惩罚。

市场法则公平地适用于它们的选择者，也同样公平地适用于被选择的事物。只有商品才能理所当然地进入消费的殿堂，无论是通过"货品"入口还是通过"客户"入口；在这些殿堂里，崇拜的对象和崇拜者都是商品。消费者社会的成员本身就是商品化的产物；他们被去管制化、私人化地降级到生活政治的商品化领域，这是使消费者社会有别于人类共处其他形式的主要区别。消费社会的成员仿佛是在对康德的绝对律令进行可怕的拙劣模仿，负有义务去遵循他们希望其消费对象遵从的完全一致的行为模式。

众生男女要进入消费者社会并获颁永久居留许可，就必须符合市场标准规定的资格条件。他们被期望在市场上提供自己，并在与其他成员的竞争中寻求自己

第二章 消费者社会

最有优势的"市场价值"。他们一方面探索着市场,寻找消费品(他们出现在那里的表面目的),另一方面被吸引进商店,指望着找到他们可能(并且**必须**)使用的一些工具和原材料,以使自己"适合被消费"——从而具备市场价值。

消费是使消费者"商品化"的主要机制——这项任务与由社会承担和国家管理的其他众多任务一样,也被去管制化、私人化、"外包"或"分派"给消费者,留给众生男女个体照护、管理和负责。驱动消费活动的力量,就是个体追求最优售价,晋升更高层级,达到更高评级,并在这样或那样的排行榜上提升到更高排位(幸运的是,周遭充斥着大量榜单可以查看,希望可以从中挑选)。

消费者社会的全体成员,从摇篮到棺材,在法律上都是消费者——即使将他们定义为消费者的法律从未被任何议会投票通过,也从未被记录在法律书籍中。

作为"法律上的消费者",实质上就是"法律的非法律基础",因为它先于界定和阐明公民权利与义务的所有法律声明。有赖于市场所完成的基础工作,立法者可以理所当然地认为，立法主体已经是充分发育的有成就的消费者：无论哪里需要，他们都可以将作为一名消费者这一状况视为自然的产物，而不是法律的构造——作为"人性/人的自然"和与生俱来的人类偏好的一部分，所有实在法都有义务给予尊重、关注、遵从、保护和服务；事实上，作为所有**公民**权利基础的初始**人**权，次生权利的主要任务就是重申这一基本的、首要的权利神圣不可侵犯，并使其完全和真正地无懈可击。

丹尼尔·托马斯·库克研究并重新梳理了第一次世界大战后的一系列发展，这些发展最终引起消费者社会的巩固，然后他得出结论：

> 儿童的消费"权利"在许多方面先于并预示了其他法律构造的权利。早在1989年联合国《儿童权利公约》（Convention on the Rights of the Child）等背景下儿童权利得到伸张的几十年前，儿童在零售店、"设计与命名"竞赛、服装选择和营销人员的研究设计中都已经获得了"发言权"。儿童作为行动者和有欲望的人参与货品的世界，以此支撑

起他们目前新获得的作为承载权利的个体的地位。[57]

库克关注儿童消费主义的历史，关注20世纪的童年商品化〔或者，用他创造的术语来说，由针对儿童的市场完成的"哥白尼式革命"，即从"父母视角"到"儿童中心"（pediocularity）的转变，也就是从儿童的观点出发来调整设计和营销策略，儿童现在被承认具备欲望、做出选择的自主主体〕。在这个过程中，库克遇到了消费者社会在其最初发展中遵循的一种普遍模式，而消费者社会在自我再生产和扩张时仍然遵循着这种模式。人们在分析消费者的生产和消费者社会的再生产时，不禁会想到重新调用臭名昭著的19世纪著名博物学家恩斯特·海克尔（Ernst Haeckel）提出的令人难忘的主张，即"个体发育（ontogenesis）是系统发育（philogenesis）的重演"（意指单个胚胎发育的各阶段是物种在其历史进化中经历的各阶段的简化版、压缩版重演），尽管有一个关键的附带条件：合理恰当的主张不是暗示单向的因果关系，而是认为（为了防止臭名昭著的关于"先有鸡还是先有蛋"之类的辩论，因为无法解决，从而徒劳无益）相同的顺序也被加诸个体消费者的生活道路，正如在消费者社会的持续再生产中无尽重复的那样。

在当今成熟的消费者社会的日常运作中，"**儿童权利**"和"**公民权利**"都是根植于具备资格能力的消费者真实或假定的能力，并覆盖其上——就像这些权利在消费者社会兴起和成熟期间的表现。这两套东西相互确认，相互巩固，相互"自然化"，相互帮助进入"主导观念"的地位，但更多的是进入"信念"（doxa，即人们就算有所思考也很少会去思考的假设）的宝库，或者简单明了地说，常识的宝库。

在授予**形式上的权利**时，任何"资产测查"（means testing）都在**形式上**被禁止。与此相反，授予或拒绝授予实际的、**实质性的**权利资格，作为充分发育的公民身份所享有的福利，其条件——很少公开言明但具有决定性——反而是个人的消费主义资格能力，以及使用它的能力。数量可观的法律上的消费者没有通过非正式但很明显地为事实上的消费者设定的测查。那些没有通过测查的人是"失败的消费者"，有时被进一步细化归类为"失败的寻求庇护者"或"非法移民"，有时则是"底层阶级"（无权进入任何公认的社会阶级，没有资格成为其阶级成员的形色各异的人），但他们大多数时候匿名分散在"穷人"或"贫困线以下的人"之类的统计数据中——根据齐美尔的经典定义，他们属于慈善救助的客体对象，而不是像消费者社会的其他成员那样，属于做出辨别/选择的主体。如果人们同意卡尔·施米特（Carl Schmitt）的主张，即使主权成为主权的终极特权是免除权，那么人们必须接受，**在消费者社会中，主权权力的真正载体是商品市场**；正是在那里，在卖家和买家的往来之地，每天都在进行着对于遭天谴者和得救赎者、局内人和局外人、被包容者和被排斥者（或说得更确切些，尽本分的消费者和有缺陷的消费者）的选择与区分。

不得不承认，消费品市场构成了一种独特的、怪异的主权，与政治学小册子的读者们所熟悉的那些主权迥然不同。这种奇怪的主权既没有立法机构，也没有行政机构，更不用说执法机构了——它们被正确地视为政治学教科书中探讨和描述的真正主权者不可或缺的用具。因此，可以说，相较于那些宣传更多也更急切地自我宣传的政治主权者，市场更具主权，因为它不仅做出关于排斥的判决，还不允许任何上诉程序。它的判决尽管是非正式的、默示的，即便有书面宣示也很罕见，但同样坚定明确，且不可撤销。主权国家机关的免除可能遭到反对和抗议，因此有可能被废除；但主权市场的驱逐可不是这样，因为这里没有任命具体的主审法官，看不到哪一位接待员接收上诉文件，也没有给出可以邮寄材料的地址。

为了遏制市场判决之后可能随之而来的抗议活动，政客们拥有"别无选择"（There is no alternative，TINA）这一经过检验的处方/套话（formula）——一种几近自我实现的诊断，一种几近自我确认的假设。这个套话重复得越频繁，国家主权对消费品市场的退让就越彻底，市场的主权就变得越令人生畏，越难以应对。

事实上，被削弱、侵蚀、消减或以其他方式被"摧毁"的并不是**国家**，甚至不是它的行政部门——而是国家的**主权**，是它在被包容者和被排斥者之间划清界限的特权，以及为后者恢复名誉并予以重新接纳的权利。

在某种程度上，这种主权已经受到了一定的限制，我们可以推想，在司法机关（迄今为止还是部分

第二章　消费者社会

地、初步地）支持的全球约束性法律兴起的压力下，它可能会继续萎缩下去，只是节奏起伏不定。然而，这一过程与新出现的市场主权这一议题之间只存在次要的、衍生的关联，几乎没有改变主权决策方式及其合法化方式。即使主权被"提升到更高"，移至超国家的机构，（至少在它被假定或被视为履行的原则上）仍然会将权力与政治混融在一起，并使前者服从于后者的监管；最重要的是，由于拥有固定的地址，有可能对它提起争议，做出改革。

更具革命性的（对现代时期塑造出来的国家来说也可能是致命的）是另一种趋势，它更彻底地破坏了国家的主权：被削弱的国家倾向于将其许多职能和特权横向移交，而不是向上移交，将它们交给市场的非人身化权力；或者国家越来越全面地屈服于市场力量的讹诈，后者抵消了国家的选民所支持和认可的政策的作用，并接管了公民身份曾有的地位，成为政治规矩新的参照点和最终仲裁者。

上述第二种趋势的结果，便是**行事**权力与**政治**之间的逐渐分离，前者现在转向市场，后者虽然仍属国家的领域，但逐渐被剥夺了运作的自由以及制定规则、担任行业仲裁者的权力。这其实是国家主权受到侵蚀的首要原因。虽然国家机关继续阐明、宣示和执行免除或驱逐的判决，但它们不再自由决定"免除政策"的标准或其应用原则。整个国家，包括其立法和司法部门，逐渐成为市场主权的执行者。

例如，当一位内阁大臣宣布，新的移民政策旨在把更多"国家需要的人"带入英国，并将那些"国家不需要的人"拒之门外时，他含蓄地赋予了市场以权利，来定义"国家需要"，并决定国家需要什么（或谁）、不需要什么（或谁）。因此，部长的想法是只款待那些承诺成为或即将成为模范消费者的人，同时拒绝款待某些人，他们的消费模式——收入阶梯底层的人的特征，那些只盯着盈利不多或无利可图的消费品的人的特征——不会推动那些消费经济的车轮旋转得更快，并促使公司利润超出现有水平。大臣似乎是为了进一步强调指导是否批准外国人迁入背后的思维和推理的原则，明确指出，属于后一类的少数人可能只会被临时接纳，以满足必要的当地消费生产的季节性需求（比如酒店和餐饮服务，或是水果采摘），他们所赚的收入会被转移到其流出国（因为他们的家庭成员将不被允许跟随他们进入英国），因此不会振兴国内消费品的流通。有缺陷的消费者，即掌握的资源太少而无法充分应对"询唤"（或者更确切地说，是商品市场的诱人通行证）的人，是消费者社会"不需要"的人；没有他们，消费者社会会更好。在一个以国民生产总值统计数据（买卖交易中易手的货币总额）来衡量其成功和失败的社会中，这些受损的、有瑕疵的消费者，会被作为负债而注销。

支撑所有这些推理的默认假设，仍然是"只有成为商品才能成为消费者"的定则。商品化先于消费，并控制着进入消费者世界的入口。一个人需要首先成为商品，才能有合理的机会行使消费者的权利，履行消费者的义务。"国家"和市场一样，都需要商品；一个国家如果把全部发言权都让渡给消费市场，那它需要的居民就要么已经是商品，要么能适应迅速和廉价的商品化。当然，是否归入真正的商品的类别，这个问题要由市场决定。无论何时，国家官员在考虑进入并居留在该国的申请时，从头到尾要问的唯一问题就是："这种特殊种类的货品有买家吗？"

在消费主义社会的日常生活中，借助液态现代企业的普遍做法，业已确立起牢固的模式和规则，政府接管了这些模式和规则，并将其重新塑造为国家政策的原则。尼克尔·奥伯特深入研究了这类做法，发现大型资本主义企业的人事政策执行起来"就好像员工本身就是'产品'，在尽可能短的时间内被孕育、使用和更新"。[58]新招聘的人从受雇的第一天起就被期望全速开动，全力以赴：没有时间留供"安顿"，"扎根"，融合并培养对公司的忠诚及与其他员工的团结，因为所需的服务概貌变化太快，没有时间进行调适。冗长的招聘流程、调适和公司内部培训都被视为浪费时间与资源——就像在公司仓库中保留过多的成品库存；当产品躺在货架上时，它们不会带来任何利润，实际上毫无用处。招聘、融合和培训的储备与时间都需要减少到最低限度。

每一个持久的（成功自我复制的）社会系统的秘诀，都是将其"功能必备项"（functional prerequisites）重新塑造为行动者的行为动机。

换句话说，所有成功的"社会化"的秘诀，都是让个体**希望做**一些**需要的**事情，以使系统能够自我再

第二章 消费者社会

生产。这可以公开而**明确地**进行，通过一个被冠以"精神动员"、"公民教育"或"意识形态灌输"等多种名目的过程，募集并加强对国家或民族之类"整体"宣称的利益的支持，在现代性的"固态"阶段，在"生产者社会"，通常就是这样做的。或者，也可以通过公开或隐蔽地执行/操练某些行为模式，以及某些解决问题的模式，隐秘地、**间接地**完成，一旦接受并遵循这些模式（由于它们必然被遵循，而替代选择会退缩乃至消失，必然伴随着逐渐地但无情地忘记践行它们所需的技能），将维持系统的单调再生产——在现代性的"液态"阶段通常就是这么做的，这正好也是消费者社会的时代。

以这种方式将"系统必备项"和生产者社会典型的个体动机维系在一起，就要求贬低"当下"，特别是贬低即时满足和更普遍意义上的享受［或者更确切地说，法国人所说的几乎无法翻译的"享乐"（jouissance）概念］。"现在"不得不被降格为配合"未来"的第二小提琴的角色，从而将其意义拱手交给某个历史尚未揭启的种种转折来安排，人们相信，正是通过知悉该历史的法则，顺应这些法则的要求，才能去驯服、征服和控制这历史。"现在"只是达到目的的一种手段，通向始终在未来、始终"尚未"的快乐。

出于同样的原因，以这种方式将系统必备项与个体动机协调起来，也必然会助长因循传统，特别是要把"延迟"或放弃"满足"的戒律扶上宝座——以不精确的未来利益的名义，牺牲相当具体的、立即可获得的奖赏的戒律；以及为了"整体"（无论是社会、国家、民族、阶级、性别，抑或只是故意模糊限定的"我们"）的利益而牺牲个人奖赏，相信将在适当的时候确保所有人过上更好的生活。在生产者社会中，"长期"优先于"短期"，"整体"的需要优先于其"部分"的需要。从"永恒的"和"超个体的"价值中获得的快乐与满足，被塑造成优于转瞬即逝的个人欢欣，而多数人的欢欣则凌驾于少数人的困境之上——在众多诱人但虚假的、人为的、欺骗性的、归根结底令人堕落的"片刻的快乐"中，这种欢欣被认为是唯一真正的、有价值的满足。

作为事后聪明，我们（生活在液态现代环境中的众生男女）往往倾向于将系统再生产与个体动机相契合的方式视为浪费，成本过高，最重要的是，带有令人

第二章 消费者社会

憎恶的压迫性质——因为它违背了"自然"的人类倾向。西格蒙德·弗洛伊德是最早注意到这一点的思想家之一——尽管这位思想家富有想象力，从处于大规模工业和大规模征兵社会的上升态势下的生活中收集数据，也无法想象出在对于本能的强迫压抑之外的替代选择，因此把他观察到的现象归因于所有文明的必要和不可避免的特征这一全称地位，即文明"本身"。[59]

弗洛伊德总结说，在任何地方和任何情况下，人们都不会心甘情愿地接受让自己放弃本能的要求。绝大多数人"只有在外部强制的压力下"才遵守许多必要的文化禁令或戒律。为了促进、灌输和确保必要的文明选择，例如工作伦理（对休闲的全盘谴责，加上无论物质回报如何，为工作而工作的诫命），或"你要爱人如己"的诫命所提倡的和平共处伦理（弗洛伊德反问道："如果遵行一条戒律不能被认为是讲求理性的，那如此郑重地阐明它又有什么意义？"），"不可避免地需要大量的胁迫，这一点令人震惊"。

所有文明要想确立，都需要强制性的支架，弗洛伊德有关这一点的主张的其余部分众所周知，在此毋庸详叙。正如我们所知，总的结论是：不管什么文明，都必须通过压抑来维持，因为一定程度的不断酝酿的异议、零星但反复爆发的叛乱，以及不断压抑或预先阻遏这些东西的努力，都是不可避免的。不满和骚动是无法避免的，因为所有文明都意味着对人类本能的压抑性遏制，而所有的约束都是令人厌恶的。

> 以共同体的力量取代个体的力量，这是文明的决定性一步。它的本质在于，共同体成员限制了自己满足的可能性，而个体却不知道任何这类限制。

我们姑且不谈一个警告，即相比于霍布斯笔下"一切人对一切人的战争"（bellum omnium contra omnes）中的前社会状态野蛮人，并不始终已经是"共同体成员"的"个体"，可能是一种更具神话色彩的人物形象，或者只是为了论证而使用的一种修辞手法，就像弗洛伊德在他晚期作品中发明的"原初弑父"（original patricide）。然而，无论选择这条讯息的特定措辞是出于什么原因，这条讯息的实质是，由于寻常大众不太可能愿意承认、接受并遵守将超个体群体的利益置于个体

第二章 消费者社会

倾向和冲动之上的诫命，将长远效应置于即时满足之上的诫命（如工作伦理的情况）；任何文明（或者更简单地说，任何一种人类和平合作的共居及其所有好处）都**必须**建立在强制的基础上，或者至少建立在现实的威胁之上，即如果不严格遵守对本能冲动的限制，就会施加强制。无论如何，如果文明化的人类共处要持续下去，就必须确保"现实原则"比"快乐原则"占上风。弗洛伊德将这一结论重新投射到所有类型的人类共处（追溯性地更名为"文明"）上，将其作为人类共处的**普遍**先决条件；必须承认，社会中**所有的**生命与**人类**生活本身是边界一致的。

但是，关于对本能的压抑是否确实伴随人类整个历史，并且未来也将始终存在这个问题，无论给出什么答案，人们都可以令人信服地指出，在现代肇始之前——更准确地说，紧接着揭启现代的旧制度解体之后——的其他任何时期，都不曾发现、命名、记录或从理论上阐述这一看似永恒的原则。一些习惯制度维持了习惯权利和义务（Rechts- and Pflichts-Gewohnenheiten, customary rights and duties）大体上一成不变、多少属于遵从事实的再生产，正是这些习惯制度的解体或瓦解，暴露了隐藏在"自然"或"神圣"秩序观念背后的人为虚设,从而迫使秩序现象从"给定"范畴被重新归类为"任务"范畴,从而把**神创逻辑**重新表征为**人类**力量的某种**成就**。

然而,关键是,现代时期到来之前留给强制的空间,相较于在打造现代秩序的过程中注定会发展到的程度(也确实如此),其实毫不显得更小,即使如此,也几乎没有空间支持某种自信和遵从事实,让杰里米·边沁(Jeremy Bentham)能够而且确实把遵守法律等同于确保没有其他选择可以睡懒觉——办法是一边封闭全景敞视式禁闭的出口,一边将囚犯置于"不工作就死亡"的选择情境。理查德·罗蒂用一个简明犀利的提法总结了这一趋势:"在黑格尔那里,知识分子开始从触及永恒的幻想转向构建更美好未来的幻想。"[60]

"共同体的力量",特别是人工打造的共同体的力量,在打造文明或国族的过程中形成的共同体,不一定非要**取代**"个体的力量",才能使共居变得有可行性,有生命力;共同体的力量之存在,远远**早于**人们发现它的必要性,更远远**早于**发现它的紧迫性。事实上,只要共同体及其确凿无疑的力量的存在还"隐藏在光中",即**太显而易见导致无法被注意到**,那么无论是"个体"还是"共同体",都不太可能想到,这种取代仍然是由一个强大的行动者——集体的或个体的——执行的任务。可以说,只要共同体尚未**遭到质疑**,不是(像所有任务一样)一项可能完成**也**可能无法完成的**任务**,共同体就对个体拥有权力(一种总体性的、"包罗一切"的权力)。简而言之,只要个体生活在对"作为一个共同体"的浑然无觉之中,共同体就控制着他们。

将个体权力从属于某个"共同体"的权力,转变为等待"被满足"的某种"需要",并呼吁有意识地采取措施,这就逆转了前现代社会形式的逻辑;尽管与此同时,通过将实际上的历史过程"自然化",它一举孕育出自己的合法性,以及有关其"起源"、"诞生"或"创造"的病原学神话(etiological myth);这个神话所指的行为或过程,就是将由自由漂移、孤立自存、彼此怀疑、相互敌视的个体组成的聚合,重新塑造、整合和凝缩成一个"共同体",使其能够成功地竞得权威,对那些被揭示或宣布为违反安全共居要求的个体倾向进行修剪和压抑。

简而言之，**共同体**可能和人类一样古老，但作为人类存在的必要条件，"共同体"**观念**只可能与人类存在危机的经历一起诞生。早前自我复制的社会设置解体之后，生发出各种忧惧，上述观念就是由此拼凑出来的。早前那些社会设置，后来被回溯性地称为"旧制度"（ancien régime），在社会科学词汇中，记录在"传统社会"的名目下。**现代的**"文明化进程"（唯一以这个名字称呼自己的过程）就是由不确定状态引发的，对此可以做出一些解释，其中就包括"共同体"的崩解和无力。

"国族"（nation）这个杰出的现代创新，被形象地类比为"共同体"：它是一个新的、更大的共同体，幅员广阔，投射在一个新想象出来的"总体"的大屏幕上——它也是一个设计出来的共同体，一个为适应扩展后的新型人类互依和交流网络的尺度而打造的共同体。后来被赋予"文明化进程"名目的趋势，其所指称的那些发展当时已经严重阻滞或明显倒退，一旦人类行为不再受到自我复制的前现代邻里住区的同质化压力，它就会顽强地反复尝试，让人类行为重新具有规律或模式。

第二章 消费者社会

从表面上看,这个被回溯性地称为"文明化"的过程聚焦于个体:新型自主**个体**养成了自我控制的新能力,接管了以前由**共同体**控制所承担的事情,这些共同体控制如今已经不再可以被利用。但竞夺的真正利害所在,是调用个体的自我控制能力,以服务于在更高层次上重新制定或重新构建的"共同体"。正如失落的罗马帝国的幽灵徘徊在封建欧洲的自我建构上空一样,失落的共同体的幽灵也在现代国族的建构上空翱翔。在实现国族建设的过程中,爱国主义——一种被诱导(被教导和习得的)的态度,准备牺牲个体利益,以换取与其他同样准备这样做的个体共享的利益——被用作其主要的原材料。正如厄内斯特·勒南(Ernest Renan)对这一战略的著名总结:国族就是其成员的日常公投,或者更确切地说,只能依靠其成员的日常公投来生存和延续。

诺伯特·埃利亚斯(Norbert Elias)试图恢复弗洛伊德永恒文明模式的历史性,并以此为出发点,通过外部约束及其压力的内化,来说明现代自我的诞生(对自己的"内在真理"的认识,加上自己对自我主张的责任)。从超个体的全景敞视式权力,到适应这些权力所设定的必要性的个体能力，国族建设的进程就铭刻在两者之间的空间中。传统纽带趋于消亡或彻底削弱，致使社会位置安排缺乏确定性和明确定义，其程度史无前例，导致个体新获得**选择自由**（包括自我认同的选择），悖谬的是，这种选择自由又被调用，用于**压制某些选择**，因为后者被认为有损于"新总体"：类似于共同体的民族国家。

无论其实用的优点如何，以全景敞视式风格的"规训、惩罚和统治"方式，来实现对行为可能性进行必要的和预期的操纵，以及随后的例行化，这种方式其实十分烦琐，代价昂贵，充满冲突。对于掌权者来说，这也是不方便的，当然不是最佳选择，因为它对他们自己的运作自由施加了不可协商的严格限制。然而，这并不是实现和确保以"社会秩序"为名的系统稳定的唯一战略。

社会科学家将"文明"视同于一个集中化的强制和灌输系统〔后来在米歇尔·福柯（Michel Foucault）的影响下，几乎将其简化为强制一端〕，因此别无选择，只能误导性地将"后现代境况"的出现（这种发展趋势与消费者社会的巩固相吻合）描述为"去文明化

第二章 消费者社会

过程"的产物。然而，事实上发生的是发现、发明或出现一种替代方法（不那么麻烦，成本更低，冲突相对较少，但最重要的是，给权力拥有者更多的自由，因此也是更多的权力），操纵维持被认为是社会秩序的支配系统所必需的行为可能性。"文明化进程"的另一种变体，一种可以执行该进程任务的看似更方便的替代方式，被发现并落实到位。

这种由液态现代消费者社会所实践的新方式，几乎没有引起什么异议、抵抗或反叛，这要归功于将新**义务**（做出选择的义务）表现为选择**自由**这一权宜手段。可以说，让-雅克·卢梭（Jean-Jacques Rousseau）那则引起广泛思考、批评和谩骂的神谕般名言——"人们必须被迫自由"——在几个世纪之后变成了现实，尽管其表现形式并不符合卢梭的狂热追随者和严厉批评者对其实施方式的预期……

无论如何，"快乐"原则和"现实"原则之间的对立，直到不久前还被认为是难以和解的，现在已经被推翻了：对"现实原则"的冷峻要求的屈从，被转译为对寻求快乐和幸福这一义务的履行，因此人们把它当作一种对于自由的践行、一种自我主张的行为来体验。

人们不禁会说，黑格尔有关自由的公认富有争议的概括，即自由就是"对必然的认识"，已经变得自我实现了——尽管具有讽刺意味的是，这要归功于一种机制，它能够将"认识"的成分排除在将必然的压力循环利用到自由的体验中这个过程之外。惩罚性的强力即使使用，也很少是赤裸裸的；它伪装成这个或那个"错误步骤"的结果，或者这个或那个失去的（被忽视的）机会的结果。它远没有揭示个体自由的被隐藏的限制，并予以彻底揭露，而是通过隐晦地缩减个体的选择（无论是已经做出的还是有待做出的），来更安全地隐藏它们，因为它的角色就是在个体对幸福的追求中，在有效步骤和无效步骤之间，在胜利和失败之间，作为主要的，甚至是唯一的"能够制造差异的差异"。

通常情况下，个体要保持忠诚和服从的那个"总体"，不再以否认其个体自主地位的形式，或者作为普遍征兵之类的义务性牺牲，抑或为国家与民族事业献出生命的职责，进入他们的生活，并与他们相对抗。相反，它呈现自身的形式是极其有趣的，总是令人愉快、令人享受的节庆，体现共同体的共处和归属，在足球世界杯或板球对抗赛之际举行。屈从于"总体"不再是

第二章 消费者社会

一种不情不愿的、烦琐的,常常还很麻烦的职责,而是"爱国乐"[1],一种热切寻求并非常享受的节庆欢纵。

米哈伊尔·巴赫金(Mikhail Bakhtin)有个提法非常有名,他认为狂欢节往往是对日常惯例的中断,是连绵不断的沉闷日常之间令人振奋的短暂间隔,是暂时颠倒世俗价值等级的停顿,现实中最令人痛苦的方面被短暂悬置,在"正常"生活中被禁止和被视为可耻的行为可以被大肆声张地践行,公开炫耀。

旧式狂欢节提供了机会,让人们可以欢欣鼓舞地品尝日常生活中被剥夺的个体自由权利;而如今,通过将自我消解在一个"更大的整体"中,快乐地放弃自身,服膺于整体的统治,沉浸于欢庆短暂但热烈的公共欢乐节日,个体松开了个体性的负担,埋葬了个体性的痛苦,这才是如今人们深深思念的机会。液态现代的狂欢节的功能(及其诱惑力)在于已经行将就木的共处的瞬间复苏。在这样的狂欢节的集会中,人们聚集在一起手牵着手,从冥界召回已故共同体的幽灵,只要集会持续下去,但他们也安稳地意识到,客人只会进行短暂的

---

[1] 此处原文为"patriotainment",系"patriot"和"entertainment"合成词。——译者注

造访，并在集会结束的那一刻立即再度消失，而不会超过其受邀期限。

所有这一切并不意味着个体的"正常"工作日行为已经变得随机、无规律或不协调。它只意味着，个体实施的行动要达成非随机性、规律性和协调性，能够（并且通常也确实）通过其他手段来实现，而不是通过固态现代发明的执法手段，由一个力争"大于其部分之和"的总体来实施治安并逐级下令，并致力于训练和培养纪律，灌输给其"人的单元"来实现。

在一个液态现代消费者社会中，**群集**（swarm）往往会取代**群体**（group），连同后者的领导者、权威等级和尊卑秩序。群体要是没有一些计谋和策略，既不会形成，也无法维持生存，但群集就可以。群集不需要被维持生存的工具所拖累；它们聚集，分散，又再次聚集，从一个场合到另一个场合，每次都受到不同的、总是不断变化的相关意义的引导，并被变化和移动的目标所吸引。转移目标的诱惑力通常足以协调它们的运动，因此任何"自上而下"的命令或其他执法都是多余的。事实上，群集没有"顶层"；纯粹是它们当下的行程方

第二章 消费者社会

向，使自行驱动的群集的一些单元处于"领导者"的位置而被"追随"——在特定行程或其部分行程期间，尽管时间不会更长。

群集不是团队（team）；它们对劳动分工一无所知。它们（不同于真正的群体）只不过是"其下部分之和"，或者更确切地说，是自行驱动的单元的聚合，这些单元只是通过"机械团结"维系在一起（延续对涂尔干思想的重审与修订），表现为复制类似的行为模式，朝着相似的方向移动。它们最好的视觉体现，就是沃霍尔（Warhol）无休止复制的图像，没有原件，或者原件在使用后被丢弃，无法追踪和找回。群集的每个单元都重复执行任何其他单元所做的动作，同时单独执行整个工作，从头到尾，每一个环节（就消费群集而言，如此执行的工作就是消费的工作）。

在群集中，没有专家，没有单独（或稀缺）技能及资源的持有者——这些人的任务是推动和协助其他单元完成其工作，或弥补它们个体的缺陷或无能。每个单元都是"万事通"，需要完成整个工作所需的全套工具和技能。在群集中，没有交换，没有合作，没有互补——只有彼此身体临近和方向大致协调的当前运动。就人类的感觉和思维单元而言，在群集中飞行的舒适感源于**数量上的**安全感：相信行程方向一定是正确选择，因为一个规模之大令人印象深刻的群集正在追随这个方向，这种假设认为，这么多有感觉、会思考、能自由选择的人，不可能同时被愚弄。随着自信和安全感消失，群集奇迹般协调一致的运动就成了群体领导者权威的次优替代，而且效力毫不逊色。

与群体不同，群集对异见者或反叛者一无所知——可以说，只知道"脱逃者"、"闯祸者"或"特立独行者"。在行程中没跟上大部队的单元只是"迷路"、"走失"或"倒在路边"。它们必然会自行觅食，但离群独处的特立独行者的生命很少会长期延续，因为自己找到切合实际的目标的机会要比跟随群集时少得多，一旦所追求的是奇异、无用或危险的目标，灭亡的风险就会倍增。

消费者社会往往会分裂群体，或使它们变得非常脆弱，充满裂缝，反过来会助长群集快速多变地形成和消散。

消费是一种极其孤独的活动（甚至可能是孤独的原

型），即使它是在陪伴下进行的。

在消费活动中不会出现任何持久的纽带。那些设法在消费行为中建立起来的纽带，在行为结束后，可能会也可能不会仍然存在；它们可能会在行程期间（直到下一次改变目标之前）维系着群集，但必须承认，它们只存在于特定的场合，否则又薄弱又脆弱，对单元的后续举动几乎没有影响，同时对了解单元过去的历史也几乎没有任何帮助。

靠着后见之明，我们可以推测，在很大程度上正是消费中的**生产性**因素，让家庭成员围着家庭餐桌，使家庭餐桌成为一种工具，整合并反复确认作为一个具备持久纽带的群体的家庭。在家庭餐桌上可以找到在其他地方找不到的烹饪好的食品：在公共餐桌上的聚会是一个漫长生产过程的最后（分配）阶段，这个过程始于厨房，甚至更远的地方，始于自家田地或作坊。将就餐者凝聚成一个群体的，是在先前的生产劳动过程中实现的或期待实现的合作，而对所生产产品的共享消费就是由此而来的。我们可以假设，"快餐"、"外卖"或"方便快餐"（TV dinners）的"意外后果"〔或者更确切地说，是它们的"潜功能"（latent function），以及它们不可阻挡地愈益普及的真正原因〕，要么使围坐在家庭餐桌的聚会变得多余，从而终结了共享消费；要么通过同坐共餐，相伴消费，象征性地认可自己已经失去它曾经具有的那些繁重的建立并反复确认纽带的特征——在液态现代消费者社会中，这些特征已经变得无关紧要甚至不值得追求。"快餐"正是为了保护孤独消费者的孤独。

积极参与消费市场是消费社会成员（或者如内政大臣更愿意说的那样，是那些"国家需要"的人）被期望具备的主要美德。毕竟，当由国民生产总值衡量的"增长"有可能放缓，甚至可能不增反减时，就得是消费者伸手去拿支票簿，去拿信用卡那就更好了，希望、哄骗和鼓动他们去"让经济运转起来"——以便"带领国家走出萧条"。

当然，这种希望和呼吁，只对那些银行账户有存款、钱包里装满信用卡的人，那些"信用良好"的人，"倾听银行"会给予倾听、"微笑银行"会给予微笑和"照办银行"真的说"是"的人是有意义的。毫不奇怪，使社会成员信用良好，并愿意将他们获得的信用发

第二章 消费者社会

挥到极限,这项任务正在稳步上升到爱国义务和社会化努力的首位。在英国,靠信用和举债生活现在已经成为国家必修课程的一部分,由政府设计、担保并给予补贴。接受高等教育的学生,即被寄予厚望的未来的"消费精英",因此是国族之中在未来岁月有望为消费经济带来最大利益的那部分人群,他们接受三到六年有实无名的强制培训,掌握借钱并靠信贷生活的技能和用法。人们希望,义务性的借贷生活将持续足够长的时间,成为一种习惯,从消费信贷机构中抹去任何(从生产者的存折社会中继承下来)最后挥之不去的耻辱痕迹;时间长到让人坚信,永不还清债务属于一种精明和稳妥的生活策略,并将这一信念提升到"理性选择"和"理智"的行列,使其成为不再能被质疑的生活智慧箴言。事实上,时间长到足够将"欠债生活"重新利用为第二天性。

这种"第二天性"可能会紧随政府资助的培训而至;然而,对"自然灾害"和其他"命运打击"的免疫力可能不会随之而来。在营销人员和政界人士的广泛赞誉下,年轻男女在开始自立谋生之前,早就已经加入"重要消费者"的行列,因为一名20岁的年轻人现在可以毫不费力地获得一套信用卡（这也难怪，考虑到要进入"就业市场"，一项先决条件是要接受挑战，成为一种有价值的商品，而这项任务需要钱，不断需要更多的钱）。但最近在金融服务管理局（Financial Services Authority）和布里斯托大学（University of Bristol）联合主持下进行的研究发现，18～40岁的一代人（在充分发达的消费社会中成长和成熟起来的第一代成年人）并没有能力应对债务，也没有能力改善他们本就低得叫人担心的储蓄水平：这一代人中只有30%的人留出一些钱用于今后的购买，而42%的人没有采取任何措施来确保任何养老金前景，24%的年轻人的银行账户目前处于透支（尽管这一比例在50岁以上的人中只有11%，在60岁以上的人中只有6%）。[61]

借钱度日，负债生活，毫无储蓄，这在各个层面上都是经营人事的一种正确和适当的方法，在个体生活政治层面上如此，在国家政治层面上同样如此，上述认识可以说已经"官宣"——基于当今各消费者社会中最成功和最成熟的权威。美利坚合众国显然是世界上最强大的经济体，在寻求令人满意和值得享受的生活的终极榜样的地球居民中，大多数把美国视作一个成功典范，

第二章 消费者社会

但它也许比历史上其他任何国家都深陷债务危机。保罗·克鲁格曼（Paul Krugman）指出："去年美国在世界市场上的支出比其收入高出57%。"他问道："美国人如此入不敷出，是如何经营自己的生活的？"答曰："通过向日本、中国和中东产油国增加债务。"[62]美国的统治者和公民沉迷于（并依赖）进口资金，其程度犹如他们对于进口石油的沉迷与依赖。3000亿美元的联邦预算赤字最近还被白宫称赞为一件值得骄傲的事情，因为它从去年的数千亿美元赤字中削减了数十亿美元（顺便说一下，在预算年度结束之前，这一计算很可能被证明是错误的）。国家借款，就像消费者债务一样，意味着金融消费，而不是金融投资。迟早需要偿还的进口资金（即使现任政府竭尽全力无限期推迟偿还时间）不是用于为潜在有利可图的投资提供资金，而是用于维持消费繁荣，就此维持选民的"感觉良好因素"，以及为由于继续为富人减税而经常加剧的不断增长的联邦赤字提供资金（尽管社会供应的削减越来越严重）。

"为富人减税"不是——无论如何都不是——让伟大和强大的人更快乐的秘诀，也不是偿还政客在代价高昂的选战中背下的债务的秘诀。要解释减税政策，不能只是诉诸主要出身富人阶层的政客的先天倾向［就像副总统切尼在竞选联邦公职之前主掌着哈利伯顿公司（Halliburton Company），后来对其提供庇护，可能希望在任期结束后重新管理该公司。这个案例臭名昭著，也广为人知，尽管无济于事］。也不只诉诸那些来自下层的政客的腐败，他们无法抵御诱惑，将他们的**政治**成功——就其性质而言是暂时的——循环利用变成更持久、更可靠的**经济**资产。

这些因素肯定在产生和维持当前趋势方面发挥了作用，除此之外，削减富人的税收也是将税收从**收入**转为**支出**的总体趋势的一个组成部分，**收入**是生产者社会中的"自然"税基，而**支出**是消费者社会中类似的"自然"税基。现在，消费者的活动而不是生产者的活动，被认为提供了个体与整个社会之间的基本交接；现在，决定公民地位的主要因素是作为消费者的能力，而不是作为生产者的能力。因此，将权利和义务的相互作用重新聚焦于消费者的主权选择，无论是在实质上，还是在象征意义上，都是正确和适当的。这些权利和义务通常被用来使收费和征税合法化。

与所得税不同，增值税（value added tax，VAT）突出了（消费者）选择的自由，在消费者社会的常识中，这种自由定义了个体主权和人权的含义，而主掌消费者社会的政府公开宣示和炫耀这种服务，其交付提供了他们的权力所需的全部合法性。

第三章

消费主义文化

第三章　消费主义文化

有一家享有盛誉的杂志,为2005年秋冬季编了一本时尚手册,颇具影响力,得到了广泛阅读和推崇,它为"未来几个月"提供了"六大时尚造型","这将使您引领时尚穿搭"。这个承诺经过精心计算,手法老到,以引起人们的关注:手法确实非常老到,因为就这么简洁有力的一句,它就成功处置了由消费者社会所孕育、源于消费生活的所有或几乎所有令人焦虑的关切和冲动。

首先,关注"追上风尚,引领风尚"(引领"时尚穿搭"——引领参照群体,引领"重要他人",即"值得考虑的其他人",他们的赞许或摒弃划定了成败界限)。用米歇尔·马费索利的话来说,"我之所以能是我之所是,是因为别人承认我是这样的我",而"经验性的社会生活只是一系列归属感的表达"[63]——替代性的存在方式就会伴随着一系列的摒弃或彻底的排斥，作为对未能努力、力争或挣扎以获得承认的惩罚。

然而，需要记住的是，消费者社会中的人类纽带往往是由消费品市场引导，并受其调节，在这样的社会中，归属感不是通过遵循人们追求的那些"时尚群体"所管理和监督的步骤，而是通过追求者自己对"群体"的换喻式认同获得的；追求自我认同的过程，展示追求过程的结果，都要借助于可见的"归属标示"，通常在商店里都能买得到。在"后现代部落"（马费索利更喜欢以此称呼消费社会中的"时尚群体"）中，"标志性形象"及其可见的标示（暗示着装和/或行为规范的线索）取代了原始部落的"图腾"。引领风潮地穿戴上具有时尚群体的标志性形象的标志，才是获得如下坚定信念的唯一可靠秘诀，即如果时尚群体意识到追求者的存在，那么追求者所中意的时尚群体肯定会给予其所欲求的承认和接纳。只有**保持**引领，追求者才能在自己所希望的时限内保障这种对"归属感"的承认，也就是说，将单一的入境行为固化为（限定期限，尽管可以续签）居留许可。总而言之，"引领"预示着有机会获得保

第三章 消费主义文化

障,预示着确定性,以及对于保障的确定性,但这正是消费生活极其显著、极其痛苦地错失的那种体验,尽管引导消费生活的也就是获得这种体验的欲望。

"处于时尚群体的前沿"的提法传递出市场价值高和需求充裕的承诺(两者都可转化为有关承认、赞许和包容的确定性)。在竞夺基本上化约为展示标志的情况下,从购买标志开始,经过公开宣布拥有标志,一旦拥有成为公众所知,就被视为完成整个过程。这反过来又转化为"归属"感。"**保持引领**"的提法直观地表明了一种可靠的预防措施,以免忽视当前的"归属"标志不再流通,被新潮的标志取代,并且预防不专心的持有者面临被抛弃的风险——在市场中介的成员资格竞夺中,这转化为被拒绝、被排斥、被遗弃和孤独自处的感觉,最终感受到个人缺陷的灼痛的反弹。玛丽·道格拉斯解开了消费者的(消费的)关切的隐藏含义,她的讲法颇具影响,即需求理论"应该首先假设任何个人都需要商品,以便使其他人也致力于其自己的规划……商品就是用来动员其他人的"[64],或者至少是为了自感安慰,为实现这种动员而需要做的一切都已具备。

其次,该讯息带有使用期限:读者被警告——它在

"未来几个月"有效,逾期不再适用。它与由一系列即刻、固定期限的情节和新的开始组成的点彩时间的体验非常契合;它把有待充分探索和利用的现在从过去与未来的干扰中解放出来,这些干扰可能会责难全神贯注,破坏自由选择的兴奋。它提供了双重好处,既暂时引领新潮,又防止将来落伍(即使出现这样的状况,至少也在**可预见的**未来)。老练的消费者肯定会领会讯息,后者敦促他们抓紧时间,提醒他们刻不容缓。

因此,这条讯息蕴含着一则警告,要是置之不理,就会大祸临头:无论你及时响应号召的收益有多大,它都不会永远持续下去。一旦"未来几个月"结束,你获得的任何安全保险都需要**续保**。所以注意这个区间。在一部恰如其分地题名为《慢》(*Slowness*)的小说中,米兰·昆德拉揭示了速度与遗忘之间的密切关联:"速度的快慢与遗忘的强弱成正比。"为什么会这样?因为如果"接管舞台需要把其他人清理出去",那么接管那个被称为"公众注意力"(更准确地说,是被打上标记的必须反复成为消费者的公众的注意力)的特别重要的舞台,就需要把其他关注对象——其他角色和其他情节,包括寻求注意力的人昨天设置的情节——清理出

第三章 消费主义文化

去……昆德拉提醒我们:"舞台只在最初的几分钟内被泛光灯照亮。"在液态的现代世界中,慢预示着社会性死亡。用文森特·德·戈勒雅克的话来说:"既然所有人都在进步,留在原地的人将不可避免地被其他人甩开越来越大的差距。"[65]"排斥"这个概念错误地暗示了某人有所行动——将其对象从其占据的位置转移;事实上,更多的时候是"停滞不动导致了排斥"。

最后,由于目前提供的不仅仅是一种形象,而是"六种"形象,你确实是自由的(即使——这个警告词是非常合适的!——当前供应的范围给你的选择划定了一圈不可逾越的限制)。你可以挑拣然后选出你的形象。选择**本身**——选择**某种**形象——并非问题所在,因为这是你**必须**做的,要是收手不干,就会面临遭到排斥的危险。你也不能自由地左右可供选择的选项集:没有留下其他的选择,因为所有切合实际的、值得推荐的可能选择都已经被预先挑选、预先编写、预先规定了。

但是,无论是时限的压力,还是必须按照"时尚群体"的眼光来让自己讨喜,以防他们把眼光转向你,注意并记录你的举止打扮,或者你可以做出的选择数量严格受限（只有"六种"）：这一切麻烦都不要介意。真正重要的是，现在负责的是**你**。你必须负责：**选择**可能是你的选择，但请记住，**做出选择**是强制性的。艾伦·塞特指出："服装、家具、唱片、玩具——我们购买的所有东西都涉及我们自己的判断和'品位'的决定与行使。"但她又连忙评论道："显然，我们首先无法控制我们可以选择的范围。"[66]尽管如此，在消费文化中，选择和自由是对于同一种境况的两种命名；你可以放弃选择，与此同时你也就放弃了你的自由，至少在这种意义上，把它们当作同义词是正确的。

将**消费主义**文化综合征与其**生产主义**前身截然区分开来的那个根本性转变，将各色各样的冲动、直觉和倾向结合在一起，并将整个聚合提升为统贯一体的生活规划，似乎**倒置了分别与长久持续和短暂即逝相关联的两种价值观。**

消费主义文化综合征首先在于强烈否认因循传统的美德，否认延迟满足的适当性和可取性——而这正是由生产主义综合征统治的生产者社会的两大价值观支柱。

第三章　消费主义文化

在传承下来并得到公认的价值观等级秩序中，消费主义综合征的持续时长缩短，短暂性加剧。它将新颖这一价值提升到持久之上。它不仅大幅缩短了需求与其满足之间的时长（这也是许多受到信贷机构启发或误导的观察者的看法），还缩短了从需求的孕生到其消亡这两个时刻之间的时长，以及从认识到占有物是有用的、可取的到认为它们是无用的、需要拒绝之间的时长。在人类欲望的对象中，它将占用行为——紧随其后的便是作为废物被丢弃——放在了曾经被赋予获得意味着耐久的、可以持久享受的占有物的位置上。

在人类的诸般执迷中，消费主义综合征采取了预防措施，以免东西（无生命的如此，有生命的亦然）**超出了受欢迎期还恋栈不去**，而不是应用技术**使它们坚固耐久**，得到长期的（更不用说没完没了的）依恋和承诺。它还从根本上缩短了欲望的预期寿命，以及从欲望到满足、从满足到废物处置的时间距离。**"消费主义综合征"关系着速度、过剩和浪费，舍此无他。**

在把东西发落为废物的时候，成熟的消费者可不会挑挑拣拣；他们（当然，还有她们）毫不后悔［ils (et elles, bien sûr) ne regrettent rien］。通常，他们会平心静气地接受事物的短命和它们注定的衰亡，常常表现出仅仅略加掩饰的欢欣，有时则是纯粹的喜悦和对胜利的庆祝。最有能力和最机智的消费主义艺术专家都知道，摆脱已经过了使用（读作：享受）期限的东西，是**一件值得高兴的**事情。对于消费主义艺术大师来说，每件物品的价值，都既体现于它的优点，也在同等程度上体现于它的局限。那些已经知道的缺陷，以及那些尚待（也势必会）显露出来的缺陷，都要归功于它们预先注定、预先设计的过时（或是卡尔·马克思的术语中所称的有别于生理衰老的"道德"衰老），预示着即将到来的更新和回春，新的冒险，新的感动，新的快乐。在一个消费者社会中，完美（如果这种观念仍然站得住脚的话）只能是大众的集体品质，是众多欲望对象的集体品质；对于完美的挥之不去的渴求，现在要求的与其说是东西变得更好，不如说是东西变得更丰富，循环周转更快。

因此，让我再说一遍，一个消费社会不能不是一个过度和挥霍的社会——因此也是一个冗余和大量浪费的社会。行动者的生活环境越具流动性，他们就越需要更多的潜在消费对象来对冲他们的赌注，并确保他们的

第三章　消费主义文化

行动免受命运的恶作剧［在社会学术语中更名为"非预期后果"（unanticipated consequences）］。然而，过剩进一步增加了选择的不确定性，而选择本来是要废除这种不确定性，或者至少是减轻或化解它的——因此，已经达到的过剩不太可能是充分过剩的。消费者的生活注定是无限次的试错。他们的生活就是持续不断的实验，但几乎没有希望出现决断实验（experimentum crucis）——后者可能会引导实验者进入某种业经可靠测绘和标示的确定之地。

对冲你的赌注，这是消费者理性的黄金法则。在这些生命方程式中，绝大多数是变量，常数即使有也很少，而且变量改变它们的值过频过快，以至于无法跟踪它们的变化，更不用说猜测它们未来的曲折了。

"这是一个自由的国家。"这句反复被念叨的保证意味着：你希望过什么样的生活，你决定如何去过这样的生活，以及你做出什么样的选择才能落实你的规划，都取决于你；如果这一切没有带来你所希望的幸福，该怪罪的不是其他任何人，而是你自己。它表明，获得解放的喜悦与遭受失败的恐惧紧密交织。

这两种言外之意是无法分开的。自由意味着冒险涌入因无聊的确定性而空出的地方，必然会带来难以估量的风险。虽然它无疑有望带来因为新奇而振奋人心的感觉，令人愉悦，但冒险也预示着失败的屈辱，以及挫败后导致丧失自尊心。在冒险的征途上，它的风险会被轻松淡化，而一旦它的风险开始暴露出全貌，无聊，这个受到公正的贬低和谴责的确定性的祸根，往往会被遗忘和原谅：很快就会轮到它造成的不适的程度和可憎被淡化了。

在消费者选择这一天神下凡般的事件中，自由的降临往往被视为一种令人欢欣的**解放**之举——无论是从令人痛苦的义务和令人恼火的禁令中解放出来，还是从单调乏味的例行常规中解放出来。在自由逐渐安稳并变成另一种日常惯例后不久，一种新的恐惧——相较于自由的到来所驱除的那些恐怖，它让人惊恐的程度毫不逊色——使对过去的痛苦和抱怨的记忆变得苍白无力：这就是对于**责任**的恐惧。连续一段时间强制性例行常规之后，夜晚将充满摆脱约束的自由的梦想。而在连续一段时间强制性的选择之后，夜晚又会充满摆脱责任的自由的梦想。

第三章 消费主义文化

因此，令人瞩目但不足为奇的是，哲学家们从现代转型伊始，就由于认识到自由的境况所特有的身体威胁和精神负担，针对"社会"（在这种情况下，意思是认可并监督一个包括各类规范、规则、约束、禁止和制裁的全面体系的权威）的必要性，提出两种极具说服力的强大主张。

第一种主张由霍布斯阐述，经涂尔干详细阐发，并在20世纪中叶转变为一种纳入社会哲学和社会科学常识的默认假设，将社会强制以及规范性调控对个体自由所施加的约束，作为一种必要的、不可避免的并最终是健康有益的手段，从而避免人类共处沦为"所有人对所有人的战争"，避免人类个体沦为"肮脏、野蛮和短暂"的生命。这种主张的倡导者提出，停止权威管理的社会强制（即使这种停止是可行的，甚至是可以想象的），并不会解放个人；恰恰相反，这只会使他们无法抵御自己的病态驱力，这种驱力在本质上是反社会的本能。这将使他们成为奴役状态的受害者，比严酷的社会现实的一切压力所可能产生的更加可怕。弗洛伊德将社会施加的强迫，以及由此导致的对个人自由的限制，作为文明的本质：没有强制的文明是不可想象的，因为如果不借助由权力辅助、由权威操作的"现实原则",对"快乐原则"(例如寻求性满足的冲动或人类天生的懒惰倾向)加以约束、修剪和平衡,那么它将引导个体行为走向无社会性的荒原。

针对由社会运作的规范性调控的必要性,实际上是其必然性,因此也针对约束个体自由的社会强制,人们提出了第二种主张,并且是基于一个完全相反的前提:单是因为他人的存在,因为"他者面孔的无声呼吁",人类就面临着伦理挑战。这一挑战先于一切由社会创造,并由社会建构、运行和监督的本体性环境——这些环境其实正是试图中和、修剪和限制这种原本无限的责任的挑战,以使其能够被人承受,能够与之共存。伊曼纽尔·列维纳斯,以及克努兹·洛斯卢普(Knud Løgstrup)在其"不言而喻的(伦理)要求"概念中,都对这种讲法有极为充分的阐发,其中,社会主要被视为一种新发明,将本质上无条件和无限制的对他人的责任,化约为一套更能配得上人类应对能力的规定和禁令。诚如列维纳斯所言,规范性调控的主要功能,也是其具有必然性的首要原因,就是使本质上**无条件**和**无限制**的对于他者的责任,变得既**有条件**(在选定的、适当枚举的和明确定义的情况下），又**有限制**（只针对选定的"他人"群体，比人类的整体要小得多，最重要的是，最终可能在主体心中唤醒不可剥夺的无限责任这种情感的"他人"，其总和是无限定的，而选定的群体范围要更窄，因此更容易管理）。洛斯卢普是一位与列维纳斯的立场非常接近的思想家，他的言论像列维纳斯一样主张道德相较于社会生活的现实的首要性，并像他一样呼吁世界为未能达到伦理责任的标准负责——可以说，社会是一种安排，使原本顽固而恼人的无声（因为不具体指明）的伦理要求变得可被听见（具体而有章法可循），从而将这种命令所隐含的无限多种选择缩小到一个更窄、更易于管理的范围，多少明确规定了义务。

消费主义的出现削弱了这两种主张的可信度和说服力——各自方式不同，尽管原因是一样的。拆解曾经无所不包的规范性调控体系的进程愈益明显，并仍在不断加快，由此可以窥见原因。越来越多的人类行为已经摆脱了明确的社会性（更不用说得到权威的核准和官方制裁的支持）安排、监督和管治，越来越多此前社会化的责任被放回，分派给男女个体。在以消费者的关切和追求为焦点的私人化和去管制化的环境中，做出选择的责任，选择之后的行动，以及这些行动的后果，都完全落在个体行动者的肩上。正如皮埃尔·布尔迪厄早在二十年前就指出的那样，强制已经被刺激所取代，曾经强制性的行为模式被诱引所取代，对行为的管制被公关和广告所取代，而规范性调控被对于新需求和欲望的唤起所取代。

消费主义的出现显然使前文讨论的两种主张在此前被认为具有的可信度大打折扣，因为放弃或削弱社会管理的规范性调控，并未真的呈现出人们曾经预期几乎不可避免的灾难性后果。

随着过去由社会处理的功能的愈益私人化和去管制化，个体之间的对抗和公开冲突的频度、强度，以及它们能够对社会纹理造成的损害程度，都成了聚讼不已的话题。尽管如此，相较于霍布斯所描绘的可怕景象，私人化和去管制化的消费者社会还差得很远，显然并没有比之前趋近许多。明确的责任私人化也没有像列维纳斯或洛斯卢普的看法所暗示的那样，导致人类主体被巨大的挑战压倒，丧失能力——尽管伦理自觉和受道德促动的行为的命运确实引起了许多严肃而有充分理据的担忧。

第三章 消费主义文化

消费者一旦接触到商品市场的逻辑,并任由他们自行选择,似乎就有可能(尽管尚无定论)发现,快乐原则和现实原则之间的权力平衡发生了逆转。现在,被假定坐在被告席上的是"现实原则"。如果曾经被视作处于无情对立状态(如前所示,今天绝非已成定论)的两项原则之间发生冲突,那么现实原则最有可能受到压力,并可能被迫退缩、自我限制、做出妥协。服务于那些在涂尔干所处时代被认为不可征服、不可抗拒的硬性"社会事实",似乎没有什么好处——而迎合无限扩张的快乐原则,则有希望获得无限扩展的收益和利润。液态现代的"社会事实"已经毫不掩饰且仍在加剧其"柔软性"和灵活性,有助于将对快乐的追求从过去的限制(现在被谴责为非理性)中解放出来,并将其完全开放给市场利用。

在快乐原则接连征服得胜之后所发动的争取承认的战争(也可以解释为争取合法性的战争)往往是短暂的,几乎是敷衍了事,因为它们的胜利结果在绝大多数情况下已成定局。"现实原则"与"快乐原则"相比的主要优势,过去是建立在前者所掌握的大量(社会的、超个体的)资源上,而后者所依赖的(只有个体的)力量则要弱得多，但由于私人化和去管制化的进程，这种优势即使不是归于无效，也是大大削弱了。现在是由个体消费者来设定现实（如果可行并希望如此的话，就锁定现实），这些现实既可以追求快乐原则所规定的目标，也在同等程度上满足现实原则的液态版本的要求。

至于列维纳斯构拟并推进的主张，就是将伦理责任的超人类无限性化减为普通人的敏感性、判断力和行动能力，这样的任务现在也趋向于"分派"给男女个体，只有少数几个选定的领域除外。在缺乏将"无声的要求"富有权威地转化为范围有限的义务和禁令清单的情况下，现在由个体来设定他们对他人的责任的界限，划定有道理的道德介入和没道理的道德介入之间的界限——并决定他们为了履行自己对于他人的道德责任，准备在多大程度上牺牲自己的福祉。

一旦转移到个体身上，这项任务就变得能压倒一切，因为躲在一个公认的、看似不可征服的权威后面，而这个权威将保证从他们的肩膀上卸下责任（或至少是其中的很大一部分），这样的策略不再是一个可行或可靠的选择。在如此艰巨的任务中挣扎，使行动者陷入一种持续且无法疗救的不确定状态；很多时候，这种状

第三章 消费主义文化

态会导致令人痛苦、减损尊严的自我谴责。然而，责任的私人化和分派化的总体结果证明，使道德自我和道德行动者丧失能力的程度并不像列维纳斯以及包括我自己在内的他的门徒原本预期的那么严重。不知怎的，人们已经找到了一种方法，来减轻它们潜在的破坏性影响，并限制其损害。似乎有大量的商业机构急于接手"大社会"放弃的任务，并将它们的服务出售给惨遭遗弃、茫然无知、满怀困惑的消费者。

在私人化和去管制化的体制下，"免责"的套路与现代历史的早期阶段的情形大致相同：用有限的、或多或少综合全面的、直陈"什么必须做"和"什么不能做"的规则清单，取代（更确切地说，掩盖）令人难以置信的复杂任务，并由此将一定程度的真正或假定的清晰性，注入含混到令人绝望的局面。今时犹如往日，个体行动者被推动和哄骗，将他们的信心寄托于被信任的权威，这些权威会发现，无声的命令要求他们在这种或那种情境下做什么，以及他们的无条件责任迫使他们在目前条件下走多远（决不更进一步）。

责任和负责任的选择的概念，以前存在于对他者的伦理义务和道德关切的语义域，已经转到或者已经被移到自我实现和风险计算的领域。在这个过程中,"他者"作为一种被承认、承担和履行的责任的触发因素、目标与标尺,几乎从视野中消失了,被行动者自身的自我所排挤或掩盖。"责任"现在自始至终意味着**对自己的责任**("你欠你自己","你应得的",正如"免责"中的商人所说的那样),而"负责任的选择"彻头彻尾是那些服务于自我利益、满足自我欲望的举动。

结果与固态现代的科层机构所实行策略的"中立化"(adiaphorizing)效应并没有太大区别,后者是用"**对**"(对上级、对权威、对事业及其代言人)"负责"代替"**为**"(为他者福祉和人类尊严)"负责"。然而,中立化效应(宣称某些孕育着道德选择的行动在"伦理上中立",并使其免于伦理评价和谴责)如今往往是通过用"**对自己**负责"和"**为自己**负责"取代"**为他人**负责"来实现。用消费主义的方式演绎自由,其附带受害者就是作为伦理责任和道德关切对象的他者。

现在,我们回到本章开头所提出并简要讨论的三条信息。

这三条信息步调一致,一起宣示了某种紧急状态。

第三章　消费主义文化

诚然,这里没有什么新鲜事——只是重申了被反复重弹的保证,即始终保持警惕,随时准备去必须去的地方,在路上需要花的钱和必须完成的劳动都是正确和适当的。警报(橙色?红色?)已鸣响,充满希望的新开端、充满威胁的新风险都被告示等候在前方。做出正确选择(以履行不可让渡的对自己、**为**自己的责任)所需的一切用具、合适的小工具或惯例,以及关于如何操作它们以发挥最大优势的傻瓜指南,都在周边静候,保证触手可及,略微思索,稍加努力,即可找到。现在和以前一样,重点都在于永远不要错过那个呼吁采取行动的时刻,以免不走运、不留意或不专心、疏忽或懒惰的行动者掉队,而不是引领"时尚群体"。忽视消费市场的冷淡反应,转而试图依靠过去执行效果很好的工具和惯例,是行不通的。

针对当前我们对时间的感知和体验所发生的决定性的变化,尼克尔·奥伯特进行了令人瞩目的研究,她指出,"紧急状态",以及这种状态一旦被宣布,人们就会期望并盘算要播种、传播和确立某种情绪或"紧迫感",这些都发挥了关键作用。[67]她认为,在当今社会中,"紧急"状态和"紧迫"情绪满足了某些生存需求，而在其他已知类型的社会中，这些需求往往要么被压制，要么无法提供，要么通过完全不同的策略得到服务。对于这些新的应急办法，她一路追溯到一种被强烈而广泛培养的**紧迫感**的策略，可以同时为个体和机构提供尽管是**虚幻的**，但仍算是非常有效的解脱，以减轻在消费自由条件下普遍存在的选择痛苦所具有的潜在破坏性后果。

最重要的幻觉之一，乃是由警报引发的原本会四下弥散的能量在瞬间凝聚。当它达到自燃的地步时，行为能力的积累就会摆脱（尽管只是一时摆脱）困扰消费者日常生活的不足的痛苦。那些曾与奥伯特交谈过的，以及被她近距离观察过的人（我得说明一下，这些人碰巧在消费生活的艺术方面接受过训练和调教，因此，他们变得无法容忍任何挫折，再也无法应对他们一直期望立即得到的满足的拖延），"在某种程度上，在'毫不拖延'的逻辑下，沐浴在有能力征服时间的幻觉中"，通过（暂时！）完全废除时间或至少减轻其令人受挫的影响，"使自身安处于现在"。

这种对于主宰时间的幻觉所具备的治愈效力或镇静效力，就是将未来消融于现在并将其封存于"当下"

第三章　消费主义文化

的能力，很难说是言过其实的。如果像阿兰·埃伦伯格令人信服地指出的那样，[68]当今最常见的人类痛苦往往源于**可能性**太多，而不是像过去那样，是因为**禁令**太多；如果可能与不可能之间的对立已经取代了允许与禁止之间的对立，成为评估和选择生活策略时采取的认知框架和基本标准，那么我们只能预期，出于对**不足**的恐惧而引起的抑郁，将取代由对**愧疚**的恐惧（害怕违反规则后可能随之而来的对于**不遵从**的指责）所引起的神经症，成为消费者社会中的居民最典型和最普遍的心理痛苦。

"拥有时间"、"缺乏时间"、"失去时间"和"获得时间"等语言用法的共性生动地表明，对于将时间流动的速度和节奏与个体意图的强度、个体行动的热情相匹配这件事情的关切，在我们最为频繁、最耗精力、最伤脑筋的关注中，占有首要地位。因此，无力在努力和回报之间达到完美的匹配（特别是被系统性地揭示的这种无力，会逐渐削弱对于自己主宰时间的能力的信念），可能是"不足情结"的多产来源，而后者是液态现代生活的主要痛苦。事实上，在对失败的常见解释中，如今真正能和没时间相竞争的只有缺钱。

相较于在紧急状态及其影响下进行的异常激烈的努力，几乎没有任何其他成就能够更有效地（即使只是短暂地）缓解这种不足情结。正如奥伯特采访的一位高级专业人士所陈述的那样，在这样的时刻，他觉得自己虽然还不是世界的主人，但也差不多……他有一种"活得更强健"的感觉，并在这种感觉中尝到了莫大的快乐。用他自己的话说，这快乐来自肾上腺素的突然注入，让他感受到"对于时间、复杂过程、关系、互动的权力……"在紧急状态期间所体验到的这种满足，其治愈能力甚至可能在其原因消失之后还能延续。按照奥伯特的另一位受访者所述，处理紧急任务所具有的最大好处，就是度过那一刻的强度本身。任务的内容为何、紧迫性的原因何在，这些肯定都是纯属偶然，无关本质，因为它们都几乎被遗忘了；然而，人们会记得，深情地记得，强度何其之大，一个人有能力迎接挑战的证据多么令人放心，证明多么有把握。

在反复出现或近乎持恒的紧急状态下生活（即使这种紧急状态是人为制造的，或是欺骗性地宣称的），还能从另一个方面有助于我们同时代人的神志清醒，

第三章　消费主义文化

那就是布莱叶·帕斯卡尔（Blaise Pascal）笔下的"猎兔"的更新版本，适应了新颖的社会环境。这种狩猎与已经射杀、煮熟并食用的野兔形成鲜明对比，猎人几乎没有或根本没有时间去思考他们的世俗追求，乃至延伸到他们整个尘世生活是如何短暂、空虚、无意义或虚荣。从上一次警报中恢复过来，恢复健康，积蓄力量，迎接下一次警报，再次度过紧急时刻，再次从紧张和在压力下行动所需的能量消耗中恢复过来。如此周而复始，可以填补生活中所有潜在的"空洞"，否则填补这些"空洞"的就会是觉察到那些"终极事物"，也就是为了神志清醒和享受生活，人们宁愿忘记的事情。这种觉察令人难以承受，此前只是暂时被压抑。再次引用奥伯特的话：

> 永远忙个不停，紧急状态一个接着一个，给人一种生活充实或"事业成功"的安全感，这在一个一切对"超越"的诉诸都付之阙如的世界里，成了能够确证自我的唯一证据，存在，具有有限性的存在，就是唯一的确定性……人们在采取行动时，想的是短期的

事情——立即要做或在不久的将来要做的事情……很多时候，行动只是对自我的逃避，是对痛苦的一种疗救。[69]

我不妨补充一点，行动越投入，其治疗效力就越可靠。一个人越深地陷入眼前任务的紧迫性，就越能摆脱痛苦——或者，就算摆脱痛苦的努力失败，至少会让痛苦不那么令人难以承受。

最后，由警报和紧迫性所主导，并被应对接续不断的紧急情况的努力消耗殆尽的生活，还可以提供一项更关键的服务——这一次的助益对象，是经营消费主义经济的企业，它们在残酷竞争的条件下为生存而挣扎，被迫采取可能引起雇员强烈抵制和反抗的策略，并最终威胁到企业本身有效行动的能力。

在今天，挑起一种紧迫的气氛，或将一种可以说是寻常的事态描述为紧急状态，这样的管理操作越来越经常被认为是一种非常有效和高度推荐的方法，可以说服被管理者平静地接受哪怕是非常剧烈的变化，撼动其雄心抱负和前景展望的核心的变化——或者说，其实是撼动其生活本身的变化。"宣布进入紧急状态——然后继

第三章 消费主义文化

续统治"似乎成了越来越流行的管理秘诀,可以不受挑战地实施支配,并摆脱针对雇员福祉的最不讨人喜欢、最具煽动性的攻击;或者可以摆脱在一轮接一轮的"合理化"或资产剥离中变得多余的不需要的劳动力。

无论是习得还是遗忘,都不可能摆脱由持续的紧急状态所支持和鼓动的"当下的暴政"的影响,不可能摆脱消散成一系列彼此各异、显然(尽管具有欺骗性)无关的"崭新开端"的时间的影响。消费生活只可能是快速习得的生活,但也需要是快速遗忘的生活。

遗忘与习得同样重要,甚至更为重要。每一个"必须"都有一个"不能",至于两者当中,哪一个揭示了更新和移除的惊人速度的真正目标,哪一个只是确保目标实现的辅助措施,则是一个注定聚讼不已、始终悬而未决的问题。在前文引述的"时尚手册"和许多类似的读物中,最可能冒出来的信息或指示是"**今秋**时尚地标是20世纪60年代的卡纳比街"[1],或者"当前的哥特式潮

---

[1] 卡纳比街(Carnaby Street)是伦敦威斯敏斯特的一条著名街道,毗邻牛津街和摄政街,以时尚购物著称,尤以20世纪60年代售卖流行服装为甚,也是不少电影的取景地。——译者注

流与本月完美契合"。今年秋天当然与去年夏天完全不同,这个月与过去几个月也毫无二致;因此,对于上个月可谓完美契合的,到了本月就完全谈不上了,就像去年夏天的时尚地标与今年秋天的时尚地标相距数光年一样。"平跟鞋?""是时候把它们收起来了。""吊带?""这个流行季没有它们的位置。""比罗斯(Biros)?""没有它们,世界会变得更美好。"在"打开你的化妆包,看看里面"的呼吁之后,可能会跟着一句劝诫:"**下一季**主打艳丽色调。"紧随其后的是警告:"米色和它安全但暗淡的同色系已经过了流行期……把它扔掉,**马上**"。显然,"暗淡的米色"不能与"浓烈的艳色"同时贴在脸上。其中一个调色板必须让路,变得多余,成为进步的又一个废料,或"附带牺牲品",成为要处理掉的东西,而且要迅速处理掉。

又是先有鸡还是先有蛋的问题……是你必须"扔掉"米色,才能让你的脸准备好接受浓烈的艳色,还是浓烈的艳色充斥着超市化妆品的货架,以确保未使用的米色供应确实被"马上""扔掉"了?

千百万女性现在正扔掉米色,用浓烈的艳色填满她们的包,其中许多人很可能会说,将米色扔进垃圾堆，是化妆品更新和改进的可悲但不可避免的副作用，也是要跟上进步潮流必须做出的可悲但必要的牺牲。但是，在订购百货公司补货的成千上万店长中，有些人可能会在说真心话的时候承认，在化妆品货架上塞满浓烈的艳色，是因为需要缩短米色的使用寿命——这样就能保持库房周转活跃，经济运转，利润攀升。国民生产总值作为衡量国家福祉的官方指标，难道不是以易手的货币量来衡量的吗？经济增长难道不是由消费者的精力和活动推动的吗？而那些不积极丢弃用完或过时的所有物（其实只是昨天购买的剩余的物品）的消费者，就属于矛盾修辞法（oxymoron）——就像不吹的风或不流的河……

以上两个答案似乎都对：它们是互补的，而不是矛盾的。在一个消费者社会，在一个"生活政治"正在取代曾经吹嘘大写"P"的"政治"（Politics）时代，真正的"经济周期"，真正让经济保持运转的周期，是"购买它，享用它，扔掉它"的周期。事实上，两个看似矛盾的答案可以同时正确，这恰恰是消费者社会最伟大的成就，也可以说是其自我复制和扩张的惊人能力的关键。

消费者的生活，消费生活，不是关于获取和占有。它甚至不是要摆脱前天获得并在一天后自豪地炫示的东西。相反，它首先是关于**在变动中**。

如果马克斯·韦伯所言不谬，生产生活的伦理原则是（并且始终需要是，如果目标是生产生活）满足的**推延**，那么消费生活的伦理准则（如果这种生活的伦理可以呈现为预先规定的行为准则的形式）必须是避**免保持满足**。对于一个宣称客户**满意**是其唯一动机和最高目的的社会来说，**感到满意**的消费者既不是动机也不是目的，而是最可怕的威胁。

适用于消费者社会的东西，也必须适用于其个体成员。满足必须只是一种短暂的体验，如果持续时间太长，就会令人忧惧，而不是让人贪恋；在消费者看来，持久的、一劳永逸的满足感绝不是一种有吸引力的前景；事实上，这是一场灾难。正如唐·斯莱特所说，消费文化"将满足感与经济停滞联系在一起：需要必须永无止境……（它）要求我们的需要既要难以满足，又要始终诉诸商品来寻求满足"[70]。或者可以这样说：我们被推着和/或拉着，不可阻挡地寻找满足感，但又害怕那种会阻止我们寻找的满足感……

第三章 消费主义文化

随着时间的流逝,我们实际上不再需要被推动或拉动,就能产生这种感觉,并基于这种感觉采取行动。没有剩下什么值得欲求的?没有什么可以追逐的?没有什么可以梦想的,希望能意识到其真相?一个人是否注定要一劳永逸地满足于自己**有**什么(并就此间接满足于自己**是**什么)?不再有任何异乎寻常的新东西可以推到关注的舞台上,而那个舞台上也没有什么可以被处置和丢弃的?这种情形——希望是短暂的——只能用一个名字来称呼:"无聊"。困扰着消费人(Homo consumens)的噩梦是无生命的或有生命的事物,或者是它们的影子——有关有生命的或无生命的事物的记忆——它们有可能在流行期后还盘桓不退,杂乱地堆集在舞台上……

消费者社会中的主要关注点(并且,按照塔尔科特·帕森斯的讲法,作为该社会的"功能必备项"),并不是**新需求**的创造(有些人称它们为"虚设的需求",显然这种叫法是错误的,因为"虚设性"并不是"新"需求的独特特征:虽然它们利用人类的自然倾向作为原材料,但任何社会中的所有需求都被社会压力的"虚设"赋予了有形的、具体的形式)。使消费经济和消费主义保持活力的，是对**昨日之需求**的淡化和贬损，以及对如今已过时的需求对象的嘲笑和丑化，甚至更多的是对如下观念的诋毁：消费生活应该以**满足需求**为指导。米色的妆容，上个流行季还标志着果敢奔放，现在不仅是一种过季的颜色，而且是一种暗淡和丑陋的颜色，更是一种展示出无知、懒惰、无能或全面低劣的可耻污名和烙印；不久前还代表着叛逆、大胆和"保持引领时尚"的行为，也迅速变成了懒惰或怯懦的症状（"这不是化妆，这是一道安全屏障"），成了落伍过时的标志，甚至可能变得一败涂地……

我们不妨回顾一下，根据消费主义文化的判定，如果满足于总量有限的需求，只追求他们认为自己需要的东西，从不寻求可能引起对获得满足的愉快渴望的新需求，这样的人就是**有缺陷的消费者**，也就是说，是消费者社会特有的各式各样的社会弃儿。对排斥和放逐的威胁和恐惧也笼罩着那些对自己拥有的身份感到满意的人，他们会满足于他们的"重要他人"对自己的看法。

消费主义文化的特点就是不断被施加压力，要求**成为别的什么人**。消费市场关注的是它们过去供应的东西迅速贬值，以清除出一块公共需求场地，让新的供应来填充。这些市场不仅孕育出对消费者用来满足其需求的产品的不满，还培养了对后天习得的身份以及定义这种身份的一系列需求的持续不满。改变身份，抛弃过去，寻求新的开始，努力重生——这些都是这种文化所提倡的，是一种伪装成特权的**职责**。

鉴于消费主义的视野层出不穷，时间的"点彩化"或"标点化"（参见第一章）之所以能成为一种极具吸引力的新奇事物，一种肯定会被热情地学习并践行的在世生存的方式，靠的是如下双重承诺：抢占未来，削弱过去。

说到底，这种双重行为正是自由的理想（我正要写"**现代**自由理想"，但意识到增加的限定词会使表达变得冗赘：在前现代环境中所谓的"自由"，并不会通过现代标准的自由的测试，因此根本不会被视为"自由"）。

承诺让行动者摆脱过去对选择强加的限制（人们尤其痛恨这种限制的是，它们有一种讨厌的习性，随着"过去"无情地被越来越长的生命史里越来越厚的积淀所填满，这种限制也变得越来越多，越来越僵硬），以及允许彻底化解对未来的担忧（更准确地说，是关于当前行动的未来后果，它们令人痛恨的力量粉碎了当前的希望，撤销或推翻了当前判定的价值，并以事后回溯的方式，贬低了当前庆祝的成功），当以上两者结合在一起，就预示着一种完全的、不受约束的、近乎"绝对"的自由。消费者社会提供了这种自由，其程度是前所未闻的，而且在史上记录的其他任何社会中都是全然不可想象的。

让我们首先来看看使过去趋于无力这一不可思议的成就。它可以归结为人类境况中的一种变化，却是真正奇迹般的变化：新发明的（尽管被宣传为新发现的）"重生"设备。多亏了这项发明，有九条命的不只是猫了。转变为消费者的人类对尘世进行了一次极其短暂的造访，就在不久前，这场造访还因为其令人厌憎的匆促而遭人哀叹，其后也并没有从根本上延长。但现在，人类有了机会去塞满许多场人生：无穷无尽的一系列新的开始——一系列的家庭、事业、身份。现在只需要轻轻一抹就可以从头开始……或者至少看起来如此。

"连环分娩"——作为一连串无休止的"新开始"的生命——目前颇具吸引力，整容手术广为人知，扩张

第三章 消费主义文化

势头惊人，就是其例证之一。不久前，它还在医学专业的边缘徘徊，作为极少数男人和女人最后求助的修理店，他们由于基因的怪异组合、无法愈合的烧伤或无法褪色的丑陋疤痕，遭受严重毁容；而现在，对于千百万能够负担得起成本的人来说，它已经变成了一种不断重塑可见自我的常规工具。确实是**持续不断的**：打造一副"改进新款"外观，不再被视为一次性的事情；"改进"的含义不断变化，因此才有了进行进一步的一轮轮手术以消除以前手术痕迹的必要性（当然还有其可能性）。这已经成了这个想法最重要的吸引力之一（据2006年5月16日的《卫报》报道，"Transform"——"英国首屈一指的整容外科公司，在全国拥有十一家中心"——向客户提供用于重复手术的"会员卡"）。整容手术不是要去除瑕疵，也不是要达到未能由自然或命运赋予的理想形貌，而是要跟上快速变化的标准，维持自己的市场价值，丢弃已经不再有用或有魅力的形象，以便让新的公众形象就位——打包处理了（希望能有的）一个新的身份和（肯定能有的）一个新的开始。安东尼·埃利奥特（Anthony Elliott）对整容手术行业令人叹为观止的崛起进行了简明透彻的调查，他注意到：

> 今天的外科手术文化助长了对身体无限可塑性的幻想。来自这个翻新行业（makeover industry）的讯息是，没有什么可以阻止你以任何选择重新创造自己，但出于同样的原因，你通过手术增强的身体不太可能让你长时间快乐。因为今天的身体重塑只能短期内在脑子里属于时尚——直到"下一次手术"……整容手术比以往任何时候都更便宜、更普及，正迅速成为一种生活方式的选择。

每个新的开始可能只带你走这么远，不会再往前走；每个新的开始都预示着许多新的开始即将到来。每时每刻都有一种恼人的倾向，即将变成过去——很快就会轮到它自己失去能力。毕竟，使过去失去能力的能力，正是消费市场提供的商品所承载的赋能承诺的最深刻含义。

消费者居住的世界被其居民视为一个储存备件的巨大容器。这个备件仓库拥有持续而丰富的库存，即使暂时供应短缺，我们也永远可以相信它将获得补充。人

第三章　消费主义文化

们不再被期待满足于自己之所有或自己之所是，觉得两者都可以凑合，缺乏其他选择也能接受，并在缺乏替代选择的情况下，努力充分利用命运所提供的东西。如果某一部件（日常使用的器具、当前的人际交往网络、自己的身体或其公开呈现、自我/身份及其公开呈现的形象）失去了其公共吸引力或市场价值，则需要将其切掉，拔出，并代之以一个"改进新款"，或者只是更新鲜且尚未磨损的"备件"；如果不是DIY（自制），那么（最好是）工厂制造和商店供应。

消费社会中的消费者从出生伊始，终其一生，都受到训练，培养对世界的这种感知，以及他们在其中的操作方法。如果以前购买的货品在"使用后"退回商店，那么商店就会以较低的价格出售下一件类似货品，这种手法在家居用品贸易公司中越来越得到广泛使用；但是，莱斯瓦夫·霍什詹斯基，这位对消费文化的价值观有深刻见解的分析家，开列并描述了在消费品营销中实施的一长串其他策略，以防止年轻（以及越来越年轻）的消费主义老手对他们购买和享受的任何东西产生长期的依恋。[71]例如，美泰公司（Mattel）用芭比娃娃席卷了玩具市场，仅在1996年就达到了17亿美元的销售额。该公司向年轻消费者承诺，如果他们将目前使用的实物在"用**完**"后送回商店，将以折扣价买到下一个芭比娃娃。阿尔文·托夫勒（Alvin Toffler）在其《未来的冲击》（*Shock of the Future*）一书中首次指出，"丢弃心态"（disposal mentality）是（商品化）世界"备件愿景"不可或缺的补充，是一种自发的、草根式的发展趋势，自该书之后，这种心态已经成为公司教育潜在客户的主要目标，从他们的幼儿期开始，并贯穿其整个消费生活。

用一只芭比娃娃去换一只"改进新款"的芭比娃娃，会带来一种按照租购模式塑造和体验的联络与合作生活。正如帕斯卡尔·拉德利尔所言，"情感逻辑"趋向于变成愈益明显的消费主义逻辑：[72]它旨在减少各种风险，对所追寻的各种东西进行分类，努力精确地定义可被视作足以满足追寻者欲求的受追捧的伙伴的特征。其基本信念是：根据许多明确规定和可以衡量的物理属性、社会品质以及性格特征，是可能组合出一个爱的客体对象的。按照这种"爱人营销"（marketing amoureux，拉德利尔创造的术语）的告诫，如果所寻求的爱的对象在一项或多项得分上未能符合期望，"爱的对象"的潜在"买家"就会停止"购买",就像他或她肯定会对其他一切可供商品所做的那样;然而,如果在"购买"**之后**发现了失误,那么未能符合期望的"爱的对象"就像所有其他市场商品一样,需要被丢弃并适当地更换。乔纳森·基恩认为,客户在互联网上漫游以寻找组合而成的理想伴侣的行为,给人的印象是一种"情感上很隔膜的活动","就好像人们只是肉铺橱窗里的肉骨"。[73]

"重生"意味着,实际上,此前的(历次)重生及其后果已经被一笔勾销。

此起彼伏的每一次"新开始"(另一种化身)都让人感到安心,即使这带有欺骗性,就像某种神力的降临,人们总是满怀渴望地梦想着这种神力,尽管以前从未被认为体验过(更不用说实践过)。俄国存在主义哲学大家列昂·舍斯托夫(Leon Shestov)宣称,这种神力就是上帝所独有的特权和决定性特征。他认为,将过去一笔勾销的力量(比如说让苏格拉底从未被迫喝下毒芹汁),正是上帝的全能的终极标志。重塑过去事件或使其归零无效的效力,可以凌驾于因果决定的力量之上，并清除其力量，这样一来，过去削减当前选择数量的力量也从根本上被削弱，甚至可能被一笔勾销。昨天的样子将不再遏制今天成为完全不同的人的可能性——也不会阻止未来另一次化身的前景，后者将抹去现在，也就是它的过去。

让我们回想一下，由于每个时点都被认为充满未开发的潜力，并且所有潜力都应该是新颖而独特的，永远不会在其他任何时点被复制，因此一个人有多少种方式可以改变（或至少试图改变）自身，就确实是难以计数的：事实上，虽然迄今为止（并且将来也有可能）基因的偶然相遇在人类物种当中成功实现的排列组合多得惊人，其形式和外表的纷繁多样令人难以置信，但相较于人们改变自身的方式，也是相形见绌。安杰伊·斯塔西乌克（Andrzej Stasiuk）对我们当今的生活方式的观察颇为敏锐。他认为，大量的选择，不，无穷的选择，几近于永恒所拥有的令人敬畏的能力，正如我们所知，在永恒之中，**一切**都迟早可能发生，**一切**都迟早可能完成；然而，现在，永恒所具有的惊人力量已经被包装在根本称不上永恒的单一人生时间跨度之中。

因此，消除过去减少后续选择的力量，这样的成

第三章　消费主义文化

就,连同由此创造出的"另一次出生"(另一个化身)的便利,剥夺了永恒最诱人的吸引力。在消费者社会的点彩时间,**永恒不再是一种价值、一种欲望对象**。一种品质曾经比其他任何品质都更多地赋予它独特而真正不朽的价值,并使其成为梦想的对象,如今这种品质被切除、压缩和凝聚成一种"大爆炸"式的体验,**并嫁接到某个时刻**——任何时刻。因此,液态现代的"当下的暴政",以其"把握当下"(carpe diem)的戒律,取代了"永恒"在前现代时期的暴政,而后者的座右铭是"勿忘必朽"(memento mori)。

托马斯·许兰德·埃里克森写了一本书,其书名就揭示了这一切。他在书中挑选"当下的暴政"作为当代社会最显著的特征,也可以说是其最具原创性的新颖之处:

> 极度匆忙的后果是湮没一切的:过去和未来作为心智范畴,都受到当下的暴政的威胁……"此时此地"受到威胁,因为下一刻来得如此之快,以至于很难活在现在。[74]

这确实是一个悖论，也是无穷无尽的张力之源：当下越是庞大、越是宽广，它就变得越小（越短暂）；随着其潜在内容物的膨胀，其尺寸也在缩小。"有强烈的迹象表明，我们即将创造一个社会，在这个社会中，几乎不可能存在一种超越一时之见的思想。"[75]但与消费市场的承诺所推动的普遍希望相反，要改变一个人的身份，如果它完全合理的话，需要的远不止一种囿于一时之见的思想。

当时间经历"点彩化"的处理，对于时间的体验就从两个方向上被切断了。它与过去**和**未来的接口都变成了鸿沟——没有桥梁，没有架通两端的希望。悖谬的是，在这个联通即时可得、毫不费力的时代，在这个承诺始终"保持联系"的时代，人们却有一种欲望，要暂停当下的体验与之前或之后任何事物之间的沟通，或者更好的是不可挽回地切断它。后方的鸿沟应该确保过去永远赶不上奔跑的自我。而前方的鸿沟是充分活在当下的条件，可以完全地、毫无保留地让自己服从于当下的（诚然是转瞬即逝的）魅力和诱惑力：要是目前正在经历的当下被对抵押未来的担忧所侵染，那即使有上述行为，也很难行得通。

第三章 消费主义文化

理想情况下,每一刻当下都将按照信用卡使用模式来打造,这是一种完全非人格化的行为:在面对面交往付之阙如的情况下,更容易忘记快乐时刻可能导致的任何还款的不快乐,或者更确切地说,从一开始就不考虑这一点。银行急于让现金流动起来,并赚取比可用于开销的现金闲置时更多的钱,难怪它们宁愿自己的客户去摆弄信用卡,而不是去麻烦银行经理。

埃尔兹别塔·塔尔科夫斯卡是时间社会学名家,她按照伯特曼的术语,发展了"共时性人类"(synchronic humans)这一概念,他们"只活在现在","毫不关注过去的经验或自己行动在未来的后果",这种策略"转化为与他人缺乏纽带"。"现在主义文化""重视速度和效力,既不赞成耐心,也不推崇毅力"。[76]

我们可以补充一点:正是这种脆弱的、表面看很容易被抛弃的个体身份和人际纽带,在当代文化中表现为个体自由的实质内容。但有一种选择,是这种自由既不承认,也不赋予、不允许的,那就是有决心(或有能力)坚持已经建构的身份,即在这种活动中,已经假定并必然需要维护和确保该身份所依赖的社会网络,同时积极地再生产出它。

在《液态的爱》（*Liquid Love*）一书中，我试图分析人际纽带日益加剧的脆弱性。我的结论是：如今人际纽带往往被人们喜忧参半地视为脆弱的，容易崩解，缔结容易，打破也容易。

如果以乐见其成的眼光看待它们，那是因为这种脆弱减小了每一次互动中假定存在的风险，减小了现在的结被绑得太紧而无法带来未来舒适的危险，也让它不那么可能僵化成"落伍过时"的东西之一，曾经有吸引力但现在令人厌恶，充塞了我们的居所，限制了探索接连不断扑面而来的当下时刻的自由，而这些时刻孕育着改进新款的吸引力。

如果以满怀忧惧的眼光看待它们，那是因为相互承诺的脆弱性、暂时性和可撤销性本身就是可畏的风险的来源。毕竟，在每个个体的生活世界中，都存在与活跃着其他人的倾向和意图，这些都是未知的变量。它们不能被视为理所当然、值得信赖的，也不能做出安全的预测——由此产生的不确定性给任何当前纽带带来的快乐都打上了一个巨大而不可磨灭的问号，远远早于充分地、完整地品尝预期的满足感。因此，对于人类纽带愈益加剧的脆弱性，从这种纽带诞生的那一刻起，到

第三章　消费主义文化

其消亡后的很长一段时间，人们的体验始终都是祸福参半。它并没有减少忧虑的总量，只是以另一种方式分散了焦虑，人们未来的曲折几乎无法预见，更不用说预先规定和控制了。

一些当代景观的观察者，特别是曼纽埃尔·卡斯特（Manuel Castells）和斯科特·拉什（Scott Lash），乐见纽带的虚拟缔结和解绑的新技术，认为这是富有前途的替代选择，在某些方面是更为优越的社交形式；作为一种可能有效的治疗方法或预防药物，可以对抗消费式孤独的威胁；作为消费式自由（做出选择和取消选择的自由）的推动力——一种可替代的社交形式，在某种程度上有助于调和自由与安全之间相互冲突的要求。卡斯特论述了"网络个人主义"，斯科特·拉什论述了"沟通纽带"。然而，两者似乎都以偏概全，即使他们各自聚焦于复杂、纠结的整体的不同部分。

如果从被遗漏的部分的角度来看，"网络"令人担忧，感觉像被风吹成的流沙沙丘，而不是可靠的社会纽带的筑造场所。电子通信网络进入个体消费者的栖居场所时，从一开始就配备了某种安全装置：有可能即时、轻松和（希望）无痛地断开连接——切断通信，以使网络的某些部分无人留意，并将它们的相关性连同其掣肘力量一起剥夺。正是这种安全设计，而不是形成接触的便利设备，更不用说保持共处的便利设备，使那些接受在以市场为中介的世界中行事的训练的男女个体，喜欢面对面社交的电子替代形式。在这样的世界里，摆脱不想要的事情的行为，比抓住想要的事情的行为重要得多，这才是个体自由的含义所在。允许按需即时断连，这样的安全设计完美契合于消费主义文化的基本戒律；而社会纽带，以及结成这些社会纽带并服务于它们所需的技能，则是其首要的附带损害。

鉴于"虚拟空间"正在迅速成为当前富有抱负的知识阶层成员的自然栖居地，难怪相当多的学者也倾向于将互联网或万维网视为一种有前途和受欢迎的替代或替换，以取代萎靡不振的正统政治民主制度。众所周知，近来这种制度对公民的吸引力越来越小，更不必说承担起民主制的责任。

引用托马斯·弗兰克的话说，对于如今富有抱负的知识阶层成员来说，"政治主要成为个人自我治疗的一种修炼，一种个人成就，而不是旨在打造一场运动的努力"[77]——一种向世界传达他们自己美德的手段，例如贴在车窗上的反传统讯息，或炫耀性地展示令人瞩目的"伦理"消费。从理论上将互联网概括为一种改进新款的政治形式，将万维网冲浪作为一种更为有效的政治参与新形式，将连接到网络以及在网上浏览的速度都不断加快看作民主的进步，这些都令人生疑，就像对知识阶层的生活实践越来越寻常、越来越非政治化的过度美化，尤其是对他们孜孜以求与"现实政治"体面脱钩的美化。

针对这样齐声赞美的背景，乔迪·迪恩直言不讳的判词更显响亮：当今的沟通技术正在"深刻地去政治化"，"今天的沟通发挥着拜物教般的功能，作为对更根本的政治剥夺或阉割的否认"——

> 技术拜物教具有"政治性"……使我们能够在余生中摆脱我们可能没有尽到自己本分的愧疚，并相信我们毕竟是知情的、参与的公民……我们不必承担政治责任，因为……技术正在为我们做这件事……（它）让我们认为，我们所需要的只是将一种特定

的技术普及，然后我们就会有一个民主的或和谐的社会秩序。[78]

可以说，现实与"沟通拜物教者/拜沟通教者"（communication fetishists）所描绘的乐观欢快的景象截然相反。强大的信息流不是汇入民主之河的支流，而是一种永不餍足的吸水口，拦截其内容并将它们引导到大得惊人但陈旧而静滞的人工湖中。水流越强大，河床干涸的威胁就越大。全球服务器存储信息，使液态现代的新文化可以用遗忘代替习得，成为消费者生活追求的主要驱动力。服务器吸收并存储异见和抗议的印记，以便液态现代的政治可以不受影响、不打折扣地滚滚向前——用在媒体上发表点评和与名人合影的机会，来代替对抗和争论。

从河中流出的水流，要倒流回河床可不容易：布什和布莱尔可以以虚假的借口发动战争，而绝不**缺乏**替他们虚张声势的网站。新闻主播更倾向于（或人们更倾向于他们）在讲述关于政治状况的方方面面时，像陷身于某种完全不同的事务，或者是停下来在其他地方驻足片刻，这些都是合乎情理的。坐到主播台前就意味着,新闻具有比它本来所要承载的更持久的意义,反思也比大众传播渠道另一端的消费者更深刻,每个人都专注于自己的业务,被认为应该有能力承受。

就"现实政治"而言,当异议进入电子仓库时,就会被消毒、化解并变得无关紧要。那些在蓄水湖里兴风作浪的人,可能会得意于自己的生机灵动,自证其健康清明,但那些参与实权运作的人几乎不会被吸引去关注这些。他们只会感谢最先进的沟通技术,感谢它及时吸收了潜在的麻烦,拆除了设立在他们前行道路上的路障,使设立这些路障的人来不及将它们关联加固,更不用说召集保卫它们所需的人了。

现实政治和虚拟政治背道而驰,相距越来越远,因为另一方相伴的缺席反倒有益于彼此的自足。让·鲍德里亚笔下的拟像时代并没有消除真实事物与其反映物之间、真实现实与虚拟现实之间的差异;它只是在它们之间挖了一条深渊——对网民来说很容易跃过,但对现在的公民来说,越来越难以弥合,对于有抱负的公民来说就更是如此。

在个人电脑和手机开始对消费者的私人世界、隐秘世界进行殖民之前，克里斯托弗·拉希（Christopher Lasch）就痛心地评论道，那些"生活在购物中心取代邻里社区的城市和郊区的人……不太可能仅仅因为国家被证明是如此不令人满意的替代品，就去重新打造社区"[79]。在殖民化以森林大火般的速度蔓延到地球上最偏远的边边角角之后，这种判断仍然成立。

奎迈·安东尼·阿皮亚最近研究了当代对身份的痴迷（尤其是当今对构成和拆解身份的关注），试图把握"集体"与"个体"之间，或"归属"与"自我确认"之间奇特的辩证关系；这种辩证关系使自我认同的努力归根结底是无效的，尽管它（也许正是这个原因）不可阻挡，并且不太可能缺乏活力。[80]他提出，例如，如果身为一个非裔美国人这一事实影响了某人正在努力表达并付诸公共展示的那种自我的形貌，那么他或她首先会进入这场斗争，寻求对自己的非裔美国人主义的认可，因为他或她觉得需要有一个适合表露并公开展示的自我。间接的和偶然的归属性决定，或许可以解释在适合展示的多种自我之间所做的选择；但很难解释人们为何如此重视做出**一种**选择，然后令其公开可见；

第三章　消费主义文化

更难以解释为何以这般热情，投入为使它可见而付出的努力。

即使行动者力争要展示并获得认可的自我，被他或她认为先于个体身份（族裔、种族、宗教和性别等维度的归属声称属于该类自我）的选择，先发制人，预先决定这种选择，但**正是选择的冲动，以及使选择可被公开识别的努力，构成了液态现代的个体的自我定义**。如果所讨论的身份确实被赋予了它声称拥有和/或被认为拥有的决定性力量，那么这种努力就很难进行。

在液态现代的消费者社会中，没有任何身份是与生俱来的礼物，没有任何身份是被"给定"的，更不用说一劳永逸地以安全的方式被给定了。身份是一种规划：是有待承担的任务，需要勤勉执行，倍加关注，直到无限遥远的完成时刻。即使有些身份假装和/或被认为是被"给定"的，是不可协商的，它们的"给定性"也呈现出并被领会为一种首要要求和必然条件，那就是有义务付出个人努力去占有这些身份，然后每天努力去维持它们。疏忽大意、不冷不热或懒懒散散，更不用说心怀异端、三心二意和奸诈多变，这样的人将会被剥夺援引他们与生俱来之权利的权利。

身份不是礼物（更不用说"免费礼物"了，回想一下营销顾问创造的这个冗赘短语），而是终生苦役的判决。对于生产着不知疲倦的狂热消费者的生产者，对于消费品的销售者来说，身份也是一个永不枯竭的资本源泉——这种源泉每被取用一次，往往会变得更大。一旦在幼儿时期启动，身份的构成和拆解就成为一种自我推动和自我激励的活动。

请记住，消费者的驱动力就是将自己"商品化"的需要——将自己重新塑造成有吸引力的商品——并不得不为此部署所有常用的营销策略和方便之计。他们必须为自己可能拥有或希望发展的有价值的东西找到一处市场定位，必须敏锐地观察需求和供应的摇摆起伏，紧跟市场趋势：鉴于消费市场出了名地变幻莫测，这项任务令人无法羡慕，往往也令人筋疲力尽。市场竭尽全力使这项任务变得越发艰巨，同时尽其所能（以一定价格）提供捷径、DIY套件和专利配方，以减轻客户的负担，或者至少让他们相信，心心念念的缓解确实已经到来——无论如何，都可以有片刻的缓解。

特别是有两点方便之计，在缓解消费者社会中身份打造和身份拆解的痛苦方面发挥了重要作用。

第三章 消费主义文化

第一种是我在其他地方说过的"衣帽间共同体"（cloakroom communities）（比如剧院观众在衣帽间里的聚集，因为他们在演出期间都把大衣或厚夹克留在衣帽间，单独或三五成群地在各自座位上观看演出）。这些共同体属于幽灵共同体、幻影共同体、临时共同体、狂欢节共同体——人们觉得自己加入这种共同体，只是因为恰好出现在其他人在场的地方，或者借助运动徽章或其他标志共同意图、风格或品位的符号——以及**固定期限**（或至少被承认为暂时）的共同体：一旦人群散去，人们就会"退出"，而在此之前，如果一个人的兴趣开始消退，他可以随时自由离开。

衣帽间共同体不需要进入或退出许可，也没有可以颁发这些许可的办公室，更无权定义具有约束力的申请资格标准。"共同体成员资格"的样态完全是主观的，重要的是"对于共同体的当下**体验**"。消费者的生存深为"当下的暴政"所伤，以点彩时间来衡量，在这样的生存中，能够随意加入和离开的便利，使幽灵共同体、临时共同体的体验相较于令人不适的坚固、限制和苛刻的"真实事物"，有着明显的优势。

演出门票、徽章和其他公开展示的身份标志都是市场供应的；这是消费主义生活样态为缓解身份建构和解构的负担而提供的两种方便之计中的第二种。消费品很少是身份中立的，它们往往带有"配供的身份"（就像"配供电池"出售的玩具和电子产品一样）。致力于构建适合公开展示和公众识别的身份，以及获得受人追捧的"共同体体验"，这样的工作所要求的主要就是购物技能。

焕然一新、引人注目、充满诱惑的身份大量繁生，令人惊愕，并且要接触到这些，从不需要比最近的购物中心更远。因此，任何特定身份被平静地接受为终极身份，而不需要任何进一步的修改或更换，这样的机会等于众所周知的在地狱烈火中一颗雪球的生存机会。事实上，如果新的自组装套件承诺让人体验到前所未有的兴奋，并且——谁知道呢？——敞开大门，带来从未享受过的乐趣，为什么还要满足于已经完成构建的东西，不管有何缺陷？"如非完全满意，可以退货到店"：这难道不是消费生活策略的第一原则吗？

俄裔美国哲学家兼诗人约瑟夫·布罗茨基生动地描述了这种生活。启动并持续推动这种生活的，是充满内外迫力的以商店为中介的追寻，追寻不断更新、重新

第三章 消费主义文化

成形的身份,带着一轮轮新的诞生和新的开始:

> 你们将来会厌倦你们的工作、你们的伴侣;你们的情人厌倦你们窗外的风景、你们室内的家具和壁纸,厌倦你们的思想和你们自己。相应地,你们也会试图寻求逃避的途径。除了前面提到的那些能使自己获得满足的方式之外,你们还可以变换职业、住所、公司、国家和气候,你们还可以沉醉于性爱、酒精、旅行、烹饪课、药品和心理诊疗。……实际上,你们可以同时干所有这些事情,在某段时间里它们会起到作用的。当然,直到某一天,你们在你们的卧室里醒来,置身于新的家庭和不同的壁纸,置身于不同的国家和气候,看着你们的旅游公司和你们的心理医生寄来的大堆账单,怀着同样陈旧的情感面对从你们的窗户倾泻进来的日光。[81]

杰出的波兰小说家安杰伊·斯塔西乌克对当代人类境况的分析特别尖锐,他提出"成为另一个人的可能性"是如今被大量抛弃和无人关注的拯救或救赎的当前替代品。有人会补充说,一个比原版优越得多的替代品,因为它是即时可得的,而不是恼人的姗姗来迟,而且是多重的、可撤回的,就不是"唯一的"和终极的。

> 我们可以应用各种技术来改变我们的身体,并根据不同的模式重新塑造它们……浏览光鲜亮丽的杂志,你会得到这样的印象:它们大多讲述了一个故事——关于一个人如何重塑自己的个性,从饮食、环境、家居开始,一直到重建其心理结构,通常以"做你自己"这一提议为代号。[82]

斯瓦沃米尔·姆罗泽克是一位享誉全球的波兰作家,在许多地方都有第一手经验,他同意斯塔西乌克的假设。姆罗泽克将我们居住的世界比作:

> 一个摆满时尚潮服的市场摊位,周围围满了追寻其"自我"的人群……一个人可以无休止地换衣服,追寻者享受着多么惊人的

第三章　消费主义文化

自由……让我们继续追寻真实的自我，这实在太有意思了——前提是永远不能找到真实的自我。因为如果找到了，乐趣也就结束了……[83]

只需使用能改变自我的便利设备，并通过穿上不粘在皮肤上，因此不太可能预先排斥进一步改变的衣服来改变自我，就能让不确定性不那么令人生畏，让幸福变得更深刻，同时诉求减少牺牲，不要日复一日地耗竭身心，这样的梦想就是消费者对操纵身份的痴迷的核心。说到自我定义和自我建构，就像在其他所有生活追求中的情况一样，消费主义文化仍然忠于其特征，禁止最终解决，禁止任何不诉求进一步改进的至高的、完美的满足。在被称为"身份打造"的活动中，真正的，即使是秘密的目的，就是丢弃和处理掉失败或不完全成功的产品。而产品之所以被衡量为失败或不完全成功，正是借助于所承诺的丢弃和更换的便利设备。难怪齐格弗里德·克拉考尔富有先见之明地指出，在我们这个时代，"统合人格（integrated personality）无疑属于现代心理学最喜欢的迷信之一"[84]。

重新安排身份，抛弃以前构建的身份，尝试新的身份，这些直接源于在点彩时间中度过的生活，每时每刻都孕育着未经探索的机会，如果不予尝试，这些机会很可能在不被承认和不留遗言的情况下覆亡。然而，它们正在稳步转变为凭其自身就被人们期望并实际开展的活动。由于再多的实验都不可能穷尽无限多样的机会，因此无论是探索的活力，还是对过去实验令人失望的结果的不耐烦，可能都永远不会消减。个体生命的有限性，生产新身份所需的资源稀缺，身份在其中被付诸公共承认反复测试的栖居地的规模限制，或者由于重要他人的抵制或怀疑，而他们的赞成对于授予承认至关重要，以上种种，都是对实验的持续时间和范围所施加的自然限制，往往会遭人怨憎，并被视为对个体选择自由施加了不正当的因此是不可接受的约束。

幸运的是，对于那些沉溺于身份变换、新的开始和多次诞生的人来说，互联网打开了在"现实生活"中被拒绝或封闭的机会。与"线下"生活空间相比，虚拟生活空间的奇妙优势在于，有可能在不实际实践的情况下获得身份承认。

网民们寻求、发现并享受从幻想游戏直接通往对虚构的东西的社会性接受（尽管也只是虚拟接受）的捷径。正如弗朗西斯·若雷吉贝里所建议的那样，将自我认同的实验转移到虚拟空间，感觉就像从线下领域恼人的限制中解放出来：“网民们可以一次又一次地从头开始尝试他们选择的新的**多种自我**——而丝毫不用担心制裁。”[85]难怪在访问按需即时连接和断连的互联网世界时所担当的身份，往往是一种线下在物理或社会维度上无法维持的身份。它们是不折不扣的"狂欢节身份"，但多亏了笔记本电脑或手机，这些狂欢，尤其是其中的私人化狂欢，可以随时享受——最重要的是，在自己选择的时间。

在狂欢节风格的身份游戏中，线下社交被揭露出它在消费者世界中的真实面目：一个相当沉重且不是特别令人愉快的负担，需要容忍，需要承受，因为不可避免，因为要实现对所选身份的认可，需要付出长期的、可能无休止的努力——并且冒着各种风险，要诉诸或归之于面对面接触必然涉及的欺瞒。可以说，摆脱承认斗争中令人不堪重负的一面，是互联网伪装和信心游戏中最具吸引力的长处。网民寻求用来替代承认的那种"共同体",不需要社交这苦差事,因此相对没有风险,而那是线下承认之战恶名昭著且广遭担忧的祸根。

另一点启示是,"他者"除了标志着认可和赞成,在任何角色中都是冗赘。在身份的互联网游戏中,"他者"(讯息的接收方和发送方)被化约为他或她的硬核,成为一种完全可操纵的自我确认工具,剥离了大部分或全部与任务无关的不必要的部分,而在线下互动中,这些部分仍然(无论多么勉强,多么不情愿)被容忍。再次引用若雷吉贝里的话:

> 在寻求成功的自我认同的过程中,自我操纵的个体与他们的谈话对象保持着一种非常工具性的关系。后者的出现只是为了证明操纵者的存在——或者更准确地说,是为了让操纵者将他们的"虚拟自我"推到现实中。寻找他者的目的无非是证明、安慰和奉承网民们的虚拟自我。

在以互联网为中介的认同游戏中,他者可以说被解除了武力和毒性。他者被网民化约为真正重要的东

第三章 消费主义文化

西：成为自己获得自我赞同的工具。不得不授予他者自主权和原创性的必要性，不得不赞成他者对自己独立身份的主张的必要性，更不用说对线下承认斗争中不可避免的持久纽带和承诺的烦人的需求，所有这些都被消除，或者至少在这段时间内被禁止。虚拟社交是追随营销模式进行的，而这种社交的电子工具是按照营销技术打造的。

它最大的吸引力在于假装本身的纯粹乐趣，"假装"中令人讨厌的部分几乎从假装者的烦恼清单中删除了，因为它对"信者"来说始终是看不见的。

第四章
消费主义的附带损害

第四章 消费主义的附带损害

"附带损失"(collateral damage)、"附带损害"(collateral casualties)和"附带牺牲品"(collateral victims)等新创造出来并迅速流行的概念,属于律师用语,源自法律辩护的语用学,虽说它们首先由军方发言人在新闻发布会上使用,并转移到记者语言,然后从那里转移到日常用语。

"附带性"(collaterality)这个表述尽管也算间接注意到了人类行动的"非预期后果"这一被广泛描述的现象,但巧妙地转移了重点。上面列出的所有三个概念的共同含义就是为造成伤害的行动开脱,为它们辩护,使其免于惩罚,因为它们并非有意。正如斯坦利·科恩(Stanley Cohen)所说,它们属于"否认的状态"的语言武器库:否认**责任**——否认**法律**责任,也否认**道德**

责任。例如（这种情况最近越来越普遍），十几名妇孺的生活被一枚智能导弹暴力打断，或因此落下终身残疾，而该导弹原本是要打击一名涉嫌训练他人或自我受训成为自杀式炸弹袭击者的男子；下一次新闻发布会上，军方发言人在详细描述所指定目标遭受打击之后，将会把妇孺的死亡称为"附带损失"——这是一种没有人可以受到审判的伤害，因为被打死或打伤的当地居民和路人，并不在发射导弹的人和下令发射它的人所瞄准的目标之列。

当然，有待讨论的问题是，"非预期"是否必然意味着"无法预期"，更重要的是，"无意"是否代表"无法计算"，并因此"不可能有意避免"，抑或仅仅是由于那些进行计算并且不够留心避免的人的漠不关心和冷酷无情。一旦明确提出这样的问题，很明显，无论对特定案件的调查可能做出什么回答，我们都有充分的理由认为，诉诸"无意"的论点要否认或开脱的，就是**伦理盲视**（ethical blindness），无论是情势所迫还是蓄意为之。杀死几个外国妇孺，完全不被认为是为了炸死甚至只是试图炸死一个潜在的恐怖分子而付出的过高代价。大象打架时，草就可怜了；但大象是最不可能可怜草的。如果大象能够说话,如果遭到质疑,它们会指出,它们对草坪并无恶意,并不是它们让这些草碰巧在象群之战开打之处生长的……

乔治·奥威尔在他关于政治和英语语言的开创性文章中做出了直言不讳的判断,马丁·杰伊(Martin Jay)最近重提了这段已快被人遗忘的判断:

> 在我们这个时代,政治演讲和写作在很大程度上都是在为难以辩护的事情进行辩护……政治语言——以及从保守党到无政府主义者的所有政党形式都适用的各种变形——旨在使谎言听起来真实,使谋杀受人尊敬,使捕风捉影显得言之凿凿。[86]

半个世纪后,杰伊本人仔细审视了政治话语的状况,他不能再把"自说自话、夸大其词、闪烁推诿、半真半假等"视为可以治愈的暂时疾病,或者看作权力斗争中的外来侵扰,认为只要付出应有的努力,就能替之以"直抒胸臆的言说":

> 我们不再将极权主义政治的弥天大谎视为能被自由民主政治所寻求的完美真理所弥合,这种真理乃是基于我们对奥威尔及其热心追随者所称道的语言透明度和清晰度的追求,而是最好将政治视为许多半真半假、狡猾的疏忽和相互竞争的叙事之间无休止的斗争,它们可能会相互抵消,但永远不会完整产生单一的共识。[87]

在"附带损害"或"附带损失"之类的新词中,肯定有一两处"狡猾的疏忽"。被精明地忽略的是这样一个事实:"损害"无论是否"附带",都是计划并实施打击的那种方式产生的结果,因为计划并实施打击的人并不特别关心损失是否溢出适当目标被假定的边界,进入副作用和非预期后果的模糊区域(因为他们将其排除在焦点之外)。它即使不是彻头彻尾的谎言,也可能是半真半假的:从宣布的行动目标的角度来看,它的一些受害者可能确实被归类为"附带",但要证明官方和明确的叙事不是"未将真相和盘托出",并非易事;它确实像它所坚持的那样讲述了真相,全部的真相,全

第四章　消费主义的附带损害

部是关于在计划者脑海中孕育或在计划者开会时辩论的那些想法和动机的真相。人们有权怀疑［借用罗伯特·默顿（Robert Merton）对行为例行模式和特定事业的"显"功能和"隐"功能的区分］，在这种情况下，"隐性的"并不一定意味着"无意识的"或"不想要的"；它可能意味着"要保密的"或"要掩盖的"。考虑到马丁·杰伊警告人们，叙事看来具有无法化约的多重性，我们宁愿放弃证实或驳斥某一种解释且"排除合理怀疑"的希望。

迄今为止，我们关注的焦点一直是**政治**谎言，是为明确的**政治**权力斗争和**政治**效能服务的谎言。但是，"附带损失"这个概念绝不局限于专属政治的领域；"狡猾的疏忽"和"半真半假"也不是只在该领域流行。权力斗争不仅仅是由职业政客进行的；从专业角度孜孜以求效能的并不仅仅是政界人士。支配性的叙事，或渴望支配的叙事，以特定的方式划出了"有目的的行动"与行动的"非预期后果"之间的界限，而当人们推进**经济**利益时，努力在谋取经济利润的斗争中增强竞争优势时，这种方式正是争夺的焦点所在。

我认为，这种推进和斗争所造成的最大的（尽管绝不是唯一的)"附带损失",就是对人类生活的整体的、全面的商品化。

用J. 利文斯通的话来说:"商品形式渗透并重塑了社会生活中迄今为止未受其逻辑约束的那些维度,以至于主体性本身成为一种商品,可以作为美丽、清洁、真诚和自主在市场上买卖。"[88]按照柯林·坎贝尔的讲法:

> (消费活动)已经成为当代西方社会中的公民看待其所有活动的一种模板或模式。因为……当代社会越来越多的领域已经被某种"消费模式"所同化,在这个过程中,消费主义这种支撑性的形而上学成为所有现代生活的一种默认哲学,也许并不令人奇怪。[89]

阿莉·拉塞尔·霍克希尔德用一个简洁而犀利的短语,概括了消费主义侵入过程中最根本的"附带损失":"爱的物质化"(materialization of love)。

第四章　消费主义的附带损害

> 消费主义的作用是维持工作和家庭的情感逆转。劳动者平均每天看三个小时的电视（占他们所有闲暇时间的一半），暴露在广告的持续轰炸中，被说服"需要"更多的东西。为了购买他们现在需要的东西，他们需要钱。为了赚钱，他们工作更长的时间。他们离家这么多小时，用花钱的礼物来弥补不能在家的缺席。他们将爱物质化了。如此循环往复。[90]

我们可以补充一点：他们与家庭场景之间新出现的精神上的疏离，身体上的缺席，使男女劳动者都缺乏耐心，应对同处一个屋檐下难免涉及的各种冲突，大冲突，小冲突，或是不折不扣的琐碎冲突，都混在了一起。

随着交谈和寻求理解所需的技能逐渐减少，过去能够坦然直面然后应对的挑战，越来越变成中断沟通的借口、仓皇逃避并自断后路的遁词。众生男女忙于为他们认为幸福所需的东西赚更多的钱，少了时间相互同情，少了时间进行深入的协商，这些协商有时是曲折而痛苦的,且总是漫长而耗神的,他们更没有多少时间去解决彼此之间的误解和分歧了。这就引发了另一种恶性循环:他们越是成功地将他们的爱情关系"物质化"(正如源源不断的广告讯息促使他们做的那样),留给相互同情的理解的机会就越少,而众所周知,爱情所兼具的权力/照看的含混性正需要这种理解。家庭成员受到诱导,要避免对抗,寻求暂缓(或者更好的是永久摆脱)家庭内讧;然后,将爱情和关爱"物质化"的劝告获得了更多的动力,因为引发争论的地方、需要安抚的抱怨和要求解决的分歧都越来越多,所以越来越需要爱情和关爱,与此同时,更耗费时间和精力的替代选择却变得越发难以获得。

虽然高素质的专业人士作为公司董事眼中的珍宝,可能经常在他们的工作场所被提供一种令人愉快的替代氛围,替代在家中严重缺失的舒适温馨(正如霍克希尔德所指出的,对他们来说,职场和家宅之间的传统角色分工往往发生了逆转),但如果员工级别较低、技能较低、易于更换,那什么也不会提供给他们。如果说一些公司,特别是霍克希尔德深入研究的阿莫科公司(Amerco),"在日益分化的劳动力市场中,向知识劳动者**精英**提供旧式的**社会主义乌托邦**,那么其他公司可能会越来越多地向**半熟练和非熟练劳动者**提供**最糟糕版本的早期资本主义**"。对于后者,"无论是亲属网络还是职场同事,都不能向个体提供情感依靠,而要靠帮派团伙、失业的酒友或其他此类团体"。

对目前提供的商品所表达的个人乐趣的追求,受到接连不断的广告攻势的引导,不断重新定向和重新聚焦,提供了唯一可以接受的——实际上是急需和受欢迎的——替代品,既可以替代职场同事令人振奋的团结,也可以替代与家庭及其周边邻里最亲近的人相互照顾的那种热情温暖。

有些政界人士呼吁让趋于衰微或奄奄一息的"家庭价值观"起死回生,并认真对待他们的呼吁的潜在意味,但他们应该首先认真思考,与此同时,职场内的社会团结愈益凋零,家庭中关爱—共享的冲动趋于消退,这些都有其消费主义的根源。无独有偶,有些政界人士呼吁选民展现出相互尊重,并认真对待自己的吁求的潜在意味,他们应该认真思考消费者社会的那种固有倾向,即向其成员灌输一种意愿,给予其他人的尊重,要和他们受到训练去感受并展示给消费品的尊重一样多，但绝不更多——设计这些物品就是旨在得到即时的、可能无忧无虑的满足，没有任何附加条件。

在消费主义凯歌前行的轨道上留下的附带损失，散布在当代"发达"社会的社会幽灵中。然而，有一类新的人口范畴，以前在社会分隔的心智地图中是不存在的，可以把他们看作消费主义的"多重附带损失"的集体牺牲品。近年来，这一类别被赋予了"底层阶级"（underclass）的名称。

"工人阶级"一词曾经很常见，但现在已经不再使用，在它所属于的那种社会意象中，富裕者和贫困者的任务与功能是不同的，在关键方面是相反的，但又是**互补的**。在这个概念唤起的那种阶级意象中，人在社会生活中发挥着自己不可或缺的作用；他们为整个社会做出贡献，并期望获得相应的奖励。"下层阶级"（lower class）一词曾经也很常见，尽管现在被回避使用，与"工人阶级"一词有所不同，它属于一种社会流动的社会意象，在这个社会中，人们是流动的，每个位置都只是暂时的，原则上是可以改变的。在这个用语唤起的那种阶级的形象中，人是站在或被抛在阶梯的底

第四章 消费主义的附带损害

部，他们可能能够（凭借努力和运气）向上攀爬，以摆脱目前的劣势。

然而，"底层阶级"一词属于一种完全不同的社会意象：它所意味的那个社会，绝非热情好客，包容所有人，而让人想到的是卡尔·施米特的提醒，即主权的界定标志是**免除**和**排斥**的特权，以及通过**拒绝**或**撤回**法律的适用，来搁置某类人适用法律的权利。"底层阶级"唤起的那群人的意象，是被宣布为与**所有**阶级以及**阶级等级秩序本身**相隔绝的禁区，几乎没有机会也没有任何需要得到重新接纳：这些人没有任何一个角色，对其他人的生活没有任何贡献，原则上无法救赎。在阶级分隔的社会中，这些人没有形成自己的阶级，而是吸食其他所有阶级的生命精华，从而侵蚀了以阶级为基础的社会的秩序；就好像在纳粹有关种族分隔的人类的意象中，犹太人并没有被指为敌对的另一个种族，而是被指为"无种族的种族"，是其他所有"正确和适当的"种族身体上的寄生虫，是一种侵蚀的力量，稀释了所有种族的身份和完整性，从而削弱和破坏了基于种族的世界的秩序。

让我补充一点："底层阶级"这个词选得非常好。

它唤起了、调集了与"冥界"（underworld）、阴间[1]相联系的一系列联想，让人想到那些根深蒂固的有关阴间的原初意象，那种阴暗、潮湿、发霉和无形的黑暗，笼罩着那些游离于生活中井然有序、充满意义的领域之外的人……

对于那些被不加分辨地流放到"底层阶级"里的个体，我们不能异想天开地认为他们构成一个有意义的、整合一体的"总体"。只有当他们的行为存在所谓的相似之处时，他们才能被一起建档归类。正如赫伯特·J. 甘斯（Herbert J. Gans）所描述的那样，要对在底层阶级的类属意象中聚拢在一起的人们开列清单，读者首先会惊讶地发现，他们各式各样，令人眼花缭乱——

> 这种行为角度的定义指称了下列情况的穷人：辍学的人、失业的人，以及在没有婚姻帮助和享受福利的情况下养育孩子的年轻妇女。行为角度的底层阶级还包括无家可归者、乞丐、酗酒和吸毒的穷人，以及街头罪

---

[1] 原文此处为"Hades, Sheol"，分别为希腊语和希伯来语版本的《圣经·新约》和《圣经·旧约》中的阴间（netherworld）。——译者注

犯。由于该术语灵活多义,居住在"公屋"[1]中的穷人、非法移民,以及青少年帮派成员,也往往被指称为底层阶级。事实上,行为角度定义的灵活性使得该术语成为一个标签,可以用来将穷人污名化,无论他们的实际行为如何。[91]

这确实是一个完全异质且极其杂多的集合。是什么能让把他们组合在一起的举动至少看起来有意义?单身母亲与酗酒者有什么共同点?非法移民与辍学者又有什么相似之处?

有一点特征的确标示出他们所有人,那就是其他人——那些开列名单的人以及名单的潜在读者——认为名单上的人没有任何充分的理由存在,并想象如果他们不在自己身边晃悠,自己会过得好得多。人们之所以被归类为底层阶级,是因为他们被视为完全无用的人;他们属于一种不折不扣的麻烦,没有他们的话我们其他人可以过得很好。在一个消费者社会——一个以其

---

1 "projects",特指由政府出资营造提供给穷困人群居住的房屋,条件好坏不一,但普遍给人脏乱差和危险的刻板印象。——译者注

商品价值来评估任何人和任何事物的世界——中,他们是没有任何市场价值的人;他们是未被商品化的男人和女人,而他们未能获得适当的商品的地位,与他们未能投入成熟的消费活动相吻合(前者其实正是源于后者)。他们是**失败的消费者**,是那些等待破落消费者的灾难的活生生的象征,也是任何未能履行消费者职责的人之最终命运的活生生的象征。总而言之,他们是胸前身后背着"末日将临"或"勿忘必朽"告示牌走在街上的人,以提醒或吓唬真正的消费者。他们是编织噩梦的纱线——或者,按照官方版本更偏好的讲法,他们是丑陋且贪婪的杂草,丝毫不会为花园的和谐之美添光增彩,还吸吮和吞噬大量养料,使植物忍饥挨饿。

由于他们都是无用的,因此他们所预示和代表的危险也支配了人们对他们的感知方式。如果**他们**消失不见,消费者社会中的其他每一个人都会受益。想一想:当**你**在消费竞赛中掉队,并且也轮到**你**消失,其他每一个人都会受益……

"无用"和"危险"属于W. B. 加利(W. B. Gallie)所谓"本质上有争议的概念"的大家族。因此,当它们被调用为指称工具时,它们表现出灵活性,使得由此产

第四章 消费主义的附带损害

生的分类特别适合容纳那些最险恶的恶魔，这些恶魔游荡在一个特别的社会里，对任何有用之处是否持久都抱持疑虑，以及弥散的、无所锚定但弥漫周遭的恐惧，使这个社会饱受折磨。在他们的帮助下绘制出来的关于这个世界的心智地图，为接连爆发的"道德恐慌"提供了一个无限广阔的天地。由此实现的分隔可以很容易延伸，以吸收和驯化新的威胁，与此同时，又使得弥散的恐怖聚焦在一个目标上，而这个目标只是因为具体和有形而令人放心。

不妨说，这是底层阶级的无用性为特定社会提供的极其重要的用途，在这个社会中，任何行业或职业都无法再确定其自身的长期有用性，因此也无法确定其受保障的市场价值；至于它的危险性，则为这个社会提供了同样重要的服务，因为社会被太多的焦虑所震荡，以至于它无法以些许自信说出忧惧的究竟是什么，又该做些什么来舒缓这种忧惧。

当然，上述这一切并不意味着不存在乞丐、吸毒者或未婚母亲，每当质疑底层阶级的存在时，这些悲惨的，因此也是令人厌恶的人，就会被拎出来作为决定性的论据。然而，上文也确实意味着，他们在社会中的存在丝毫不足以证明真的存在一个"底层阶级"。把他们都归为一类,是文书职员或其上司的决定,而不是对"客观事实"的判定。把他们捏合成一个实体,打包指责其为寄生虫,对社会其他人蕴含着恶意和无法形容的危险,这样的操作属于**充满价值判断的选择**,而不是一种**描述**。

最重要的是,虽然底层阶级的观念乃是基于如下假设,即真正的社会(一个总体,其中包含着维持其生机活力所需的一切)可能小于其各部分的总和,但"底层阶级"这个名目所**指称**的聚合**大于**其各部分的总和:就此而言,被纳入聚合就增加了一种新的品质,而这种品质是任何组成部分本身都不具备的。"单身母亲"和"底层女性"是不一样的。将前者回收利用成后者,需要付出大量努力(尽管不需要怎么费脑筋)。

当代社会主要以消费者的身份来对待其成员,其次才在一定程度上将他们作为生产者来对待。你要想达到合乎正常这一标准,被承认为一名完全成熟、正确和适当的社会成员,就需要对消费市场的诱惑做出迅速和有效的回应;你需要定期为"出清供应的需求"做出贡

第四章 消费主义的附带损害

献,而在经济下行或停滞的时期,则要参与"消费主导的复苏"。所有这一切,穷人和懒人,缺乏体面收入、信用卡和过更好日子的前景的人,都不适合做。因此,今天的穷人所破坏的规范,就是**消费能力**或**才能**的规范,而不是**就业**的规范。对这种规范的破坏会将他们与其他人相区分,并给他们贴上"不正常"的标签。

首先,今天的穷人(成了其他人的"问题"的那些人)是"非消费者",而不是"无就业者"。他们首先被定义为有缺陷的消费者,因为他们没有履行社会义务中最关键的一项,即成为市场提供的商品和服务的积极有效的购买者。在消费社会的账簿中,穷人毫无疑问是一种负债,无论如何想象,他们都不会被记录在现在或未来的资产一栏。

穷人被重新塑造为**消费主义**的附带损害,现在乃至有史以来第一次成为一种不折不扣的困扰和麻烦。他们一无是处,无法减轻他们的恶,更不用说救赎他们的恶了。他们没有任何东西可以用来换取纳税人的支出。转移支付给他们的钱是一项糟糕的投资,不太可能偿还,更不用说带来利润了。他们形成了一个黑洞,吞噬任何靠近的东西,而除了模糊但黑暗的预感和麻烦,什么都没有吐出来。

消费者社会里的穷人是完全没有用的。体面和正常的社会成员——真正的消费者——对于他们没有任何要求，没有任何期待。没有任何人（最重要的是，没有任何真正算数、真正大声疾呼、真正会被倾听和听见的人）需要他们。对他们来说，面临的是零容忍。如果穷人烧毁他们的帐篷，并且让自己与之同归于尽——或者干脆一走了之，社会会好得多。如果没有他们，这个世界会更加可爱，更令人愉快。穷人是**不被需要**的，所以也**不被想要**。

当代穷人，消费者社会的穷人，所遭受的种种苦难，并不会汇聚成一项共同的事业。每个有缺陷的消费者都在孤独中舔舐自己的伤口，充其量有着他们尚未破碎的家庭的陪伴。有缺陷的消费者是孤独的，一旦他们长时间孤独，往往就会成为孤僻的人；他们看不到社会或任何社会群体（犯罪团伙除外）如何能够提供帮助，他们也不指望得到帮助，不相信自己的命运可以通过任何合法手段改变，除非中了彩票。

不被需要的、不被想要的、遭到遗弃的——哪里是他们的位置？最简短的答案是：视线之外。首先，他

第四章 消费主义的附带损害

们需要从我们这些消费主义美丽世界中的合法居民所使用的街道和其他公共场所中被驱除。如果他们碰巧是初来乍到的人,而且他们的居留许可并非无懈可击,就有可能被驱逐出境,从而在物理意义上被赶出了人权传承者应承担的义务范围。即使找不到驱逐出境的借口,他们仍然可能被关押在偏僻的监狱或类似监狱的集中营地,亚利桑那州沙漠之类的地方就算是其中条件最好的,或是被送上停靠在远离航线的地方的船,或者被关押在高科技、全自动的监狱里,在那里他们看不到任何人,甚至没有人,哪怕是有可能经常与他们面对面的狱警。

为了使物理隔绝万无一失,可以通过精神分离来予以巩固,这导致穷人被驱逐出道德同理心的世界。当穷人被逐出街头时,他们也可能被逐出公认的**人类**共同体:被逐出**伦理**义务的世界。这一点是通过重写他们的故事来实现的,从有关剥夺(deprivation)的语言,转到有关堕落(depravity)的语言。穷人被描绘成放浪、有罪和缺乏道德标准。媒体愉快地与警方合作,向追求感官刺激的公众展示"犯罪分子"耸人听闻的画像,这些"犯罪分子"沉溺于犯罪、毒品和性滥交,在他们的凶险巢穴和穷街陋巷的黑暗之中寻求庇护。每当习惯秩序中的缺陷被发现并公开披露时，穷人就会充当"非常嫌疑犯"，在公众的一片呼告的伴奏下被围捕。因此，有人指出，**贫困**问题首先是一个**法律和秩序**的问题，也许就只是一个法律和秩序的问题，人们应该像对待其他违法行为一样对它做出反应。

从人类共同体中免除，也就从公众的思想中免除。当这种情况发生时，我们就知道接下来会发生什么。有一种强烈的诱惑，要彻底摆脱下面这种现象：它被降级为纯粹的麻烦，任何可能付之于遭受伤害、冒犯和苦难的他者的伦理考虑，都无法予以救赎，甚至无法予以缓解；抹去景观中的污点，抹去有序世界和正常社会原本令人愉悦的纯洁画布上的肮脏斑点。

阿兰·芬基尔克罗提醒我们，当伦理考虑被有效地压制、同理心被消灭、道德障碍被清除时，会发生什么：

> 纳粹之所以施行暴力，不是因为喜欢暴力，而是出于职责；不是出于虐待狂，而是出于美德；不是经由放纵的享乐，而是经由精

细的方法；不是通过释放野蛮的冲动和放弃顾忌，而是以优越的价值观的名义，凭借着专业的能力和不懈贯彻的任务。[92]

请允许我补充一点：暴力恰恰发生在某些人震耳欲聋的沉默之中，他们自以为体面正派、恪守伦理，却看不到有任何理由认为，很久以前就不再被视为**人类**大家庭成员的那些暴力牺牲品，为什么应该成为他们**道德**同理心和同情心的对象。套用格雷戈里·贝特森（Gregory Bateson）的话来说，一旦道德共同体的丧失与解决任何被视为棘手问题的先进技术相结合，"你的生存机会就会像地狱烈火中的雪球"。事实上，一旦与道德冷漠相结合，对人类问题的理性解决方案就会形成爆炸性的混合物。

许多人可能在爆炸中丧生，但牺牲品中最突出的是那些躲过了灭亡的人的人性。

众所周知，想象力是有选择性的。它的选择性是由经验引导的，特别是由经验产生的不满情绪引导的。

每一种类型的社会环境都会针对威胁其身份的危险

形成自己的幻景，这些幻景是根据它努力实现或保持的社会秩序量身打造的。如果兼具描述性和假设性的自我定义可以被认为是环境的摄影复制品，那么有关威胁的幻景就往往是这些照片的底片。或者，用精神分析的术语来说，威胁就是一种投射，投射出一个社会关于它自己的方式和手段以及它如何生活和打算如何生活所产生的自身内在的纠结，以及由这种纠结产生的焦虑。

一个社会如果不确定其存在方式是否能够持续下去，就会发展出作为被围困的堡垒的心态。而围攻城墙的敌人正是它自己的"心魔"：被压制的、弥漫周遭的恐惧，渗透在它的日常生活、"正常状态"之中，然而，为了日常现实能够让人忍受，这种恐惧必须被压制，从要经历的平凡日常中被挤出来，塑造成一个异在的身体——一个附有名字的有形的敌人，一个可以与之战斗的敌人，并且反复战斗，甚至希望去征服它。

这种趋势无处不在，并且稳定不变，而非当今的液态现代的消费者社会所特有。然而，对于主宰生产者和士兵社会的那种打造秩序并执迷于秩序的"经典"现代国家，挥之不去的危险是**革命**的危险，一旦我们回想起

第四章　消费主义的附带损害

这一点，个中的新颖之处就会变得十分明显。敌人就是革命者，或者更确切地说，是"头脑发热、轻率疯狂、过于激进的改革派"，是试图用另一套国家管理秩序取代现存的国家管理秩序的颠覆力量，是颠覆当前秩序赖以生存或旨在践行的每一项原则的对抗秩序。自那时以来，随着一个秩序井然、功能运作正常的社会的自我意象发生了变化，有关威胁的意象也获得了全新的形态。

近几十年来录得的犯罪活动增多（我们注意到，这一过程恰好与主张"替代秩序"的"颠覆性"激进政党的成员人数下降同时发生），这一情况并不是功能失调或疏忽懈怠的产品，而是消费社会自身的产品，在逻辑上（即使不是在法律上）是合法的。更重要的是，它也是其不可避免的产品，即使根据任何官方质量委员会的判例，它本身并不合格。消费需求越高（对潜在客户的市场诱惑越有效），消费社会就越有保障，越繁荣——与此同时，那些有欲望并**有能力**满足自己欲望的人（那些受到诱惑并按照被诱惑状态促使其行事的方式采取行动的人）与那些同样受到诱惑但**没有能力**按照同样受诱惑的人所应采取的方式行事的人，两者之间的差距就越大和越深。市场诱惑被名副其实地誉为一种了不起的平衡装置,但也是一种独具特色、效力绝伦的分隔装置。

人们最常评论的消费社会的特征之一,就是新奇层出不穷,例行常规衰微。消费市场擅长拆解现有的常规,并抢先确立与巩固新的常规——除了需要短暂的时间间隔,倒腾出库房来存放为它们提供服务的工具。不过,同样的市场还产生了更深层次的影响:对于受过适当训练的消费者社会的成员来说,所有例行常规,以及与常规行为相关的一切(单调、重复),都变得难以忍受;实际上,是无法在这种环境下生存。引人关注、令人兴奋的新奇事物本该源源不断,却付之阙如,甚至只是暂时中断,这种"无聊"就会变成消费社会中招人怨恨、令人恐惧的祸源。

引诱人去消费,引诱人消费得更多,要想取得效果,就必须向四面八方传递,不加筛选地向每个愿意倾听的人传达。但是,能够听到的人总是多过以诱人信息所期望的方式做出回应的人。那些不能针对如此诱发的欲望采取行动的人,每天都会被那些能够采取行动的人投喂令人眼花缭乱的景观。他们被告知,奢侈消费是成功的标志,是一条直通公众掌声和名声的高速公路。

第四章　消费主义的附带损害

他们还了解到，拥有和消费某些物品，以及践行某些生活方式，是幸福的必要条件；由于"过得快乐"，仿佛恪守老派地遵循塞缪尔·巴特勒的告诫，已经成为人的体面的标志，有权获得人的尊重，也往往成为人的尊严和自尊的必要条件。而"过得无聊"除了让人感到不舒服之外，还因此变成一种可耻的污名，一种懈怠或挫败的见证，可能导致严重抑郁状态，以及社会维度和精神维度病态的攻击性。引用理查德·森内特最近的观察——"关于反社会行为，我认为这对穷人来说是一个真正的问题"，特别是对于那些"处于可能沦为罪犯的灰色地带的贫困青少年"。"临界点"与"无聊、有事可做、有归属感……之类事情"有很大关系。[93]

如果"永不无聊"的特别待遇是衡量成功生活、幸福甚至人的体面的标准，如果热烈投入的消费活动是战胜无聊的首要王道，那么人类欲望的封盖就被揭开了；悦人的获取和诱人的感觉再多，都不可能像"保持水准"曾经承诺的那样带来满足感。现在没有水准可以保持——或者更确切地说，没有任何水准一旦达到，就可以权威性地担保有权利获得接受和尊重，并确保其长期延续。终点线与跑步者一起前进，目标永远领先一两步。纪录不断被打破,而一个人可能的欲望似乎永无止境。"接受"(我们不妨回想一下,皮埃尔·布尔迪厄将"接受"的缺失定义为所有可以想象的剥夺类型中最糟糕的一种)是越来越难以实现的,而要觉得"接受"是持久而有保障的,那就更难了,甚至是不可能的。

如果缺乏不可动摇的权威,人们就倾向于寻求当前颂扬的个人榜样的引导。然而,当他们这样做时,眼花缭乱、心神困惑的人们却了解到,在他们记忆中那些总是资金短缺的拮据而紧缩的公共机构,成了新近私有化["外包"(outsourced, contracted out)]并因此"解脱束缚"的公司,他们现在的经理人拿着数以百万计的薪水,而那些因无法胜任管理岗位而被解雇的人,却凭他们那拙劣而草率的工作获得了赔偿和补偿,并且还是数以百万计的英镑、美元或欧元。从四面八方,通过所有的沟通渠道,传来响亮而清晰的讯息:除了攫取更多,别无任何戒律;除了"打好你的牌"的律令,别无任何规则。但是,如果获胜是游戏的唯一目标,那么那些一轮轮发牌都手气不佳的人,就会倾向于选择换一种游戏,在那里他们可以寻求获得其他资源,无论能够筹集到什么。

从赌场老板的角度来看，一些资源——他们自己分配或流通的资源——属于法定货币；其他所有资源，尤其是那些超出老板控制范围的资源，都是被禁止的。然而，从玩家的角度来看，特别是从自称自许、富有抱负的玩家的角度来看，尤其是从资源条件匮乏却又富有抱负的玩家的角度来看，区分公平与不公平的界限看起来并不相同，他们无法获得或只能有限地获得法定货币。他们可能会诉诸他们**确实**拥有的资源，无论是被承认为合法的还是被宣布为非法的，或者选择完全退出游戏——尽管市场诱惑使得他们几乎无法考虑后一种举动。

因此，在一个以市场为导向的消费者社会中，除了通过诱引进行整合，解除那些不幸和/或失败的玩家的武装，剥夺他们的权力，对他们实施打压，就成为不可或缺的补充。无能的、怠惰的玩家将被排除在游戏之外。他们是游戏产生的废品，会在游戏中不断产生并沉积，直至游戏慢慢瘫痪，呼叫接管者。如果废品的沉积停止，甚或只是有所缓解，就不会向玩家展现除了继续留在游戏中（他们被告知这是唯一的方案）之外的替代方案的可怕景象。这样的景象是必不可少的,以便他们能够并且愿意忍受游戏中的生活所包含的种种艰辛和张力——如果要不断更新并强化玩家对于松懈怠惰会遭到多么可怕的惩罚的意识,以及玩家把游戏继续下去的意愿,就需要反复展示这样的景象。

鉴于现在正在玩的游戏的性质,那些被排除在游戏之外的人的痛苦,曾经被视为**集体造成的**打击,需要**通过集体手段来**处置和**治愈**,如今必须重新解释为**个人**犯下的罪恶或罪行的证据。因此,危险的(因为潜在的叛逆性质)**阶级**被重新定义为危险的(因为潜在的犯罪性质)**个体**的集合。监狱现在替代了逐步淘汰和衰落的福利机构,随着福利供应的不断削减,很可能不得不继续重新调整,以履行这一新职能。

使前景更显暗淡的是,在通往一个充分发育、全面包容的消费主义社会的道路上,被归类为犯罪性质的行为日益增多,并不构成障碍;恰恰相反,它是这个征程上自然的,也许是不可或缺的伴随现象和先决条件。之所以如此,原因有不少,但其中的主要原因可能在于,事实上,那些被排除在游戏之外的人(有缺陷的消费者,他们的资源与其欲望不匹配,因此如果他们按照官方规则玩游戏，就几乎没有或根本没有获胜的机会）是消费生活中特有的"心魔"的鲜活化身。他们的贫民窟化和罪犯化，他们所承受的苦难的严重性，以及他们所遭遇的命运的整体残酷性，打个比方说，就是驱除这些心魔并通过烧毁它们的塑像来灭掉它们的主要方式。被罪犯化的边缘充当了所谓的（soi-disant）卫生工具，即下水道，供消费主义诱惑的不可避免但有毒的恶臭废水排入，从而让设法留在消费主义游戏中的人们不必担心自己的健康状况。

然而，如果这就是杰出的挪威犯罪学家尼尔斯·克里斯蒂（Nils Christie）所称的"监狱产业"目前繁荣兴旺的主要刺激因素，[94]那么，在一个由消费市场刺激和运作的彻底私有化和去管制化的社会中，至少可以说很难指望这一进程能够放缓，更不用说遏止或逆转了。

"底层阶级"的概念是由冈纳尔·缪尔达尔于1963年创造并首次使用的，以标示去工业化的危险。他担心去工业化可能会使越来越多的人持续性地失业，并且持续性地失去就业能力——不是因为这些失业者有缺陷或道德瑕疵，而纯粹是因为对于所有需要工作、渴望工作并有能力承担工作的人来说，他们就是缺乏就业机会。

在缪尔达尔看来，后来被称为"结构性失业"的趋势，以及"底层阶级"，都是眼前正在面临的，究其原因，并不是工作伦理未能激励生活，而是社会未能保障工作伦理所推荐和激励的那种生活所需的条件。[95]根据缪尔达尔对这个词的用法，眼前面临的"底层阶级"是由被排除在生产活动之外的牺牲品组成的，是**经济**逻辑的集体产物，这种逻辑不受被标示为需**排斥**的那些部分的人的控制，即使有所影响，也是微乎其微。

然而，缪尔达尔的假设并没有引起公众的太多关注，而他的警告几乎被遗忘了。很久以后，在1977年8月29日，"底层阶级"这一观念通过《时代》杂志的封面故事再次呈现给公众，而它被赋予的意涵有了显著的改变："这一大群人比几乎任何人想象的都更棘手，更与社会相疏离，更抱持敌意。他们是不可接触者：美国的底层阶级。"符合这个定义的人群类别可以列出长长的清单，并且还在不断延长。它包括青少年罪犯、辍学者、吸毒者、"领福利救济的单身母亲"（welfare mothers）、抢劫者、纵火犯、暴力罪犯、未婚母亲、皮

第四章　消费主义的附带损害

条客、贩毒者、乞丐：这是在逐一清点一个追求富裕、舒适、享乐和幸福的社会的心魔——点名这个社会的成员公开的恐惧和隐藏的良心负担。

"棘手"。"疏离"。"敌意"。而且，由于这一切，结果就是：**不可接触**。伸出援助之手是毫无意义的：它只会仿佛遭遇虚空，或者——更糟糕的是——被反咬一口。这些人是无法治愈的；而他们之所以无法治愈，是因为他们**选择**了病态的生活。

1981—1982年，肯·奥莱塔对"底层阶级"的世界进行了一系列探索性寻访——《纽约客》（*The New Yorker*）对此进行了报道，后来汇编成一本读者广泛、深具影响的书——促使他这样做的是他的大多数同胞所感受到的焦虑，至少他是这样宣称的：

> 我想知道：在困扰着绝大多数美国城市的犯罪、福利和毒品等方面激增的统计数据，以及反社会行为明显增加的背后，那些具体的人是谁？……我很快了解到，研究贫困的学人几乎一致认为，确实存在一个相当明显的黑人和白人底层阶级；这个底层阶级

> 普遍感到被排斥在社会之外，拒绝普遍接受
> 的价值观，囿于行为缺陷，苦于收入不足。他
> 们往往不仅很穷，而且对于大多数美国人来
> 说，他们的行为似乎偏离正道。[96]

注意话语的词汇、句法和修辞，底层阶级的意象就是在这样的话语中孕育并确立的。奥莱塔的文本也许是研究它们的最佳场所，因为奥莱塔不同于他大多数不那么谨慎的后继者，不轻易为简单的"底层阶级抨击"这种指控做辩护；他有所回撤，以表明自己的客观性，并表明他对于自己故事中那些反面人物，既予以谴责，又心怀怜悯。[97]

首先请注意，"激增的犯罪"和"激增的福利"以及"福利和毒品"的统计数据是一口气连着说起的，并且在叙事和论证开始之前，被打包一并设定。为什么这两种现象成对出现，为什么它们被归类为同一类"反社会"行为的具体事例，被假定不需要——更不用说提供——任何论据，更不用说用证据来加以说明？甚至根本没有人尝试明确地论证，贩卖毒品和靠社会福利生活是同一类反社会现象。

第四章 消费主义的附带损害

还要注意的是,在奥莱塔的描述(以及他的众多追随者的描述)中,底层阶级的人**拒绝**共同的价值观,但他们只会**感到**被排斥。加入底层阶级是一项**积极主动**且能孕育行动的举措,是有意在双边关系中选边站的一步,而"大多数美国人"会发现自己处于作为接受方的另一边:属于一个**被动**的、受害的和受苦的目标群体。如果不是底层阶级的反社会心态和敌意行为,就不会有任何公开审判,就像没有案例可以思考,没有犯罪需要惩罚,也没有疏忽需要弥补一样。

修辞之后就跟着实践,实践提供了事后来看的"经验证明",并从中得出了修辞本身未能提供的论点。实践越多、越普遍,引发这些实践的问题诊断就越显得不言而喻,就越没有机会发现修辞诡计,更不用说揭露和驳斥了。

奥莱塔的经验材料大部分来自"野猫技能培训中心"(Wildcat Skills Training Centre),该机构的创办初衷颇为高尚,就是让那些被指控不符合社会所珍视的价值观的个体(或者更确切地说,将自己置于社会界限之外的个体)恢复健康,重归社会。谁有资格进入该中心?候选人必须是最近入狱的罪犯,或仍在接受治疗的前瘾君子，或领取福利金且没有6岁以下子女的女性，或17～20岁的辍学青年。无论是谁制定了准入规则，都必须事先决定，在未经训练的眼睛看来如此**不同**的这些"类型"，困于**同样**的问题，或者更确切地说，向**社会呈现**了同样的问题——因此需要并且有资格获得**同样**的治疗。但是，最初是某个规则制定者的决定，对于野猫中心的人员来说就变成了现实：在相当长的一段时间里，他们被安排彼此为伴，受到同样的管理体制约束，并且每天都被训练要接受他们命运的共同性。在这段时间里，他们需要的一切社会身份，以及他们可以合理努力获得的一切，就是作为野猫中心的成员。一个鲁莽大胆的命题又一次变成了一个自我实现的预言，这要归功于它所引发的行动；一个语词又一次变成了肉身之躯。

奥莱塔煞费苦心地反复提醒他的读者，"底层阶级性"（underclassness）的处境**并不是**贫困的问题，或者至少不能**仅仅**用贫困来解释。他指出，如果有2500万～2900万美国人生活在贫困线以下，那么只有"估计900万人没有被同化"，"在普遍接受的社会界限之外行事"，后者"因其'越轨'或反社会行为"而

第四章 消费主义的附带损害

与前者相分离。[98]这等于在暗示，消除**贫困**，即使可以想象这一点，也不会终结底层阶级现象。如果一个人可以很穷，但"在可接受的边界内行事"，那么就不能责怪贫困，导致沦为底层阶级的一定是贫困以外的因素。这些因素被看作完全主观的、个人的痛苦——心理维度的和行为维度的——也许在生活在贫困中的人里面更常见，但并不是由它所决定的。

让我再说一遍：根据这些讲法，沦为底层阶级是一个选择问题；如果公开挑战社会规范，就是直接选择，或是由于对规范的不留意或对规范的遵守不够认真而导致的间接选择。底层阶级的地位是一种选择，哪怕一个人之所以沦为底层阶级，只是因为对于自身具备能力、承担义务和背负期望去做以避免堕落的事情，他或她没有做，或者懒得去做。在一个由自由选择的人组成的国家里，选择不做实现某些目标所需的事情，几乎会被自动地、不假思索地解释为转而选择**其他东西**；而在底层阶级的情况下，选择的就是**反社会的**行为。沦为底层阶级就是在**践行自由**……在由自由消费者组成的社会中，限制一个人的自由是不被允许的；但是，如果有人通过乞讨、纠缠或威胁，通过破坏他人的乐趣，使他人的良心背上负担，或者使他人的生活不舒服，从而利用其自由权利来限制他人的自由，那么不去剥夺或限制这些人的自由，也同样是不允许的。

将"底层阶级问题"与"贫困议题"相剥离是个一石二鸟的决定。在一个以笃信诉讼和赔偿而闻名的社会中，它最明显的效果就是剥夺了被指为底层阶级的人的下述权利，即把自己描述为社会层面功能失调或不当行径的牺牲品（甚至只是"附带"牺牲品），由此提出指控和"索求损害赔偿"。在可能伴随他们案件进行的任何诉讼中，举证责任将公平公正地转移到原告身上。他们不得不承担举证责任——展示他们的善意和决心，要"像我们其他所有人一样"。无论需要做什么，都不得不由"底层阶级"自己来做，至少首先由他们来启动（虽说肯定从不缺乏被任命的主管和自封的受过法律培训的顾问来建议他们，他们到底该怎么做）。如果什么都没发生，底层阶级的幽灵拒绝消失，解释就很简单，该归咎于谁也很清楚。如果社会中其他人有什么可责备的，那只是因为他们没有足够的决心来遏制"底层阶级"的不法选择，限制他们造成的损害。如此一来，更多的警察，更多的监狱，更严厉、更痛苦

第四章　消费主义的附带损害

和更可怕的惩罚，就似乎成了改正错误的最显而易见的手段。

也许更具影响的是另一个效果：底层阶级的**非正常性**使得贫困的存在**正常化**。底层阶级被置于社会公认的界限之外，但正如我们所记得的那样，底层阶级只是"官方认定的穷人"的一部分。正是因为底层阶级被列为真正重大而紧迫的问题，所以生活在贫困中的大多数人并不是一个足够重大的议题，需要予以紧急处置。在底层阶级面目单一的丑陋而令人生厌的景观中，"纯粹的穷人"（"体面的穷人"）显得光彩夺目，与"底层阶级"不同，他们最终会自己做出所有**正确的**选择，并回到社会公认的界限之内。正如沦为底层阶级并留在那里属于选择问题，从贫困状态中恢复过来也是一种选择——这一次是正确的选择。认为穷人沦为底层阶级是选择的结果的这一观点所传达的隐含之意是，另一种选择可能会带来相反的结果，使穷人摆脱在社会底层堕落的状态。

消费社会有一条核心规则，基本上无可争议，因为也不落文字，那就是要想自由选择，就需要有资格能力：使用选择权的知识、技能和决心。

选择的自由并不意味着所有的选择都是正确的——选择有好有坏，可以更好，也可以更糟糕。最终做出的选择就证明了资格能力的具备或缺失。消费者社会中的"底层阶级"，即"有缺陷的消费者"，被假定为由个人错误选择的受害者个体组成的集合体，并被视为人生灾难和失败的个人本质的有形证据，始终是不具资格能力的个人选择的结果。

劳伦斯·米德有一本书讨论当今贫困的根源，颇具影响。他在书中指出，个体行动者缺乏资格能力是一片富裕之中却持续存在贫困的首要原因，也是国家消除贫困的一系列政策惨遭失败的首要原因。[99]穷人纯粹就是缺乏资格能力去领会先工作后消费的好处；他们做出了错误的选择，将"不工作"置于工作之上，从而切断了自己与真正的消费者享受到的乐趣之间的关联。米德说，正是由于缺乏资格能力，诉诸工作伦理（以及间接但不可避免地诉诸消费主义的诱惑）才被置若罔闻，无法影响穷人的选择。

因此，问题据说就取决于穷困潦倒的人是否能够对自己负责，最重要的是，他们是否具备资格能力管理自

第四章 消费主义的附带损害

己的生活。无论诉诸何种外在的、超个人的原因，"不工作"的核心仍然是一个谜——极度贫困的人故意、**主动**选择的**消极被动**，他们未能抓住其他人，也就是像我们这样的正常人心甘情愿地接受的机会。米德说："要解释不工作，我认为不可避免地会诉诸心理或文化。大多数情况下，极度贫困的成年人看上去在逃避工作，不是因为他们的经济状况，而是因为他们的信仰。……""心理是寻找低工作努力的原因的最后领域……为什么穷人没有像文化所认定的那样孜孜不倦地把握（机会）？**他们到底是什么样的人？**"……"贫困文化的核心似乎是没有能力控制自己的生活——心理学家称之为无效力。"机会就在那里；难道我们所有人不都是这一点的活生生的证据吗？但是，也必须看到机会的本质，即机会需要被抓紧，拒绝机会只会自食其果——而这需要资格能力：一些智慧、一些意志，再加一些努力。穷人，"失败的消费者"，显然这三者都缺乏。

米德的读者会乐见这类消息，因为通盘考虑下来，这是令人放心的好消息：**我们**是体面的、负责任的人，我们为穷人提供机会——**他们**却不负责任，他们有失体面地拒绝接受这些机会。当病人一直拒绝配合规定的治疗时,医生只好不情愿地认输;无独有偶,现在轮到我们放弃努力,面对穷人顽固地不愿接受消费生活的挑战——但也是回报和快乐——我们不再指望将有缺陷的消费者从昏睡中唤醒。

然而,也可以指出,"心理因素"可能以完全相反的方式起作用;"有缺陷的消费者"之所以未能作为合法成员参与消费者社会,其原因与他们被指称的"不参与"决定完全相反。被归类为"底层阶级"的人不仅生活在贫困中,或者至少低于所需的富裕水平,还受到社会排斥,并被认为没有资格成为要求其成员按照规则玩消费主义游戏的这个社会的成员。而原因恰恰在于,他们就像小康之家和富裕人士一样,都对受到权力加持的消费主义诱惑持开放态度——尽管与小康之家和富裕人士不同,他们真的负担不起被诱惑的东西。N. R. 什雷斯塔(N. R. Shresta)的研究得出的结论表明[转引自拉塞尔·W. 贝尔克(Russell W. Belk)]:

> 穷人被迫陷入这样一种境地:他们要么不得不将自己仅有的一点金钱或资源花在

第四章 消费主义的附带损害

毫无意义的消费物品上，而不是基本必需品上，以抵御整体上的社会羞辱；要么面临被取笑和嘲弄的前景。[100]

左右都是你输了，他们赢了。对于消费者社会的穷人来说，不拥抱消费主义的生活模式就意味着遭受污名和排斥，而拥抱它则预示着更多的贫困，阻碍了人们的进入……

霍克希尔德指出："随着对公共服务需求的增加，美国选民开始赞成减少政府提供的照护供应，许多人赞成转而将陷入困境的家庭作为提供照护的主要来源。"[101]但他们发现自己才脱困境，又入深渊。

消费主义的压力将"照护"的概念与"橙汁、牛奶、冷冻比萨和微波炉"之类的消费商品清单相捆绑，同样的压力剥夺了家庭在社会伦理维度的技能和资源，并在他们应对新挑战的艰苦拼搏中削减了他们的装备；这些挑战得到了立法者的帮助和推动，他们试图通过增加"照护赤字"（"削减提供给单身母亲、残障人士、精神病患者和老年人的资金"）来减少政府财政赤字。

当一个国家倡导的原则是，针对个人不幸及其后果，提供**共同体背书**的集体保障，这个国家就是"社会的"。主要是这一原则——宣布、予以实施并相信处于正常运作之中——通过激发信心和团结的"平等秩序"，取代势必会产生一种互不信任、彼此猜忌的气氛的"利己主义秩序"〔借用约翰·邓恩（John Dunn）的术语〕，将"社会"这个原本抽象的概念重新塑造成被感觉、被生活的共同体的体验。也正是这一原则，将社会成员提升到**公民**的地位，也就是说，除了作为股票共同持有者（stockholders），他们还是风险利益共担者（stakeholders）：是受益者，但也是行动者——个体既是"社会福利"体系的被监护者，也在同等程度上是这个体系的监护者，敏锐关注着共同利益，视之为一套共享制度网络，可以信任它，并且切合实际地期望它，确保国家颁布的"集体保障政策"坚实可靠。

推行这一原则可以保护男女个体免遭**贫困**这一祸患，而且真的经常做到了这一点；然而，最重要的是，它可以成为**团结**的丰富**源泉**，能够将"社会"重新利用为一种共同的善，共同分享、共同拥有、共同照看，这

第四章 消费主义的附带损害

要归功于它对**痛苦**和**侮辱**这对双重恐怖的防御，即下述可怕的事情：遭到排斥，从迅速加速的进步之车上掉下来或被推下来，被谴责为"社会累赘"，被剥夺了做人应得的尊重，要不就是被指称为"人类废物"。

就其初衷而言，"社会国家"就是为服务于这类目的而做出的安排。我们将战后英国"福利国家"的蓝图设计者归功于贝弗里奇勋爵（Lord Beveridge），他相信，自己所设想的**人人**享有全面的、集体背书的保障的愿景，是主张个体自由的自由主义思想的必然结果，或者说是不可或缺的补充，也是**自由民主体制**的必要条件。富兰克林·德拉诺·罗斯福（Franklin Delano Roosevelt）对恐惧的宣战也是基于同样的假设。这个假设是合乎情理的：毕竟，选择的自由必然伴随着未经清点也无法清点的失败风险，许多人会发现这种风险难以忍受，担心它可能会超出自己个人的应对能力。对许多人来说，选择自由仍将是难以捉摸的幻影，是无益的梦想，除非以共同体的名义签发一项保障政策，来缓解对失败的恐惧，这是他们在遭受个人失败或命运的莫测打击时可以信任和依赖的政策。

如果选择自由在理论上是被赋予的，在实践中却是无法实现的，那么**绝望**（hopelessness）的痛苦肯定会被**不幸**（haplessness）的耻辱所覆盖——因为应对每天都提出考验的生活挑战的能力，就像一个生产作坊，个体的自信，以及他们的人格尊严感和自尊心，就是在这里形成或消解的。此外，要是没有集体保障，政治参与几乎不会有太大的刺激——当然也不会对参与民主选举的仪式产生刺激，因为救赎不可能真正来自一个不是**社会**国家，也拒绝成为**社会**国家的政治国家。要是并非**人人**享有社会权利，那么很可能越来越多的人会发现，自己的政治权利毫无用处，不值得他们关注。如果说政治权利是落实**社会**权利的必要条件，那么社会权利对于维持**政治**权利的实施也是必不可少的。这两项权利要维持生存，就彼此需要对方；这种生存的维持只能是它们共同的成就。

社会国家是共同体这个观念在现代的终极体现，也就是说，这种观念以其现代形式——由相互依赖、承诺和团结编织而成的抽象的、想象的整体——在制度上的化身。社会权利——享有受尊重和尊严的权利——将想象的总体与其成员的日常现实相维系，并在生活经验的坚实基础上确立这种想象；这些权利同时证明了相互之间的信任，**以及**对支持和确认集体团结的共享制度网络的信任，是真实可信的，是符合现实的。

所谓"归属"感，其实就是信任人类团结的益处，信任由这种团结产生、承诺为人类团结服务并确保其可靠性的那些制度。所有这些真理都在2004年的瑞典社会民主党纲领中明确告示：

> 人人都会在某个时候陷于脆弱。我们需要彼此。我们活在此时此地，与他人一起，深陷于变化之中。如果我们所有人都被允许参与，没有人被排除在外，我们就都会更富足。如果安全保障人人都有，而不仅仅被一小部分人所专享，我们就都会更强大。

一座桥梁的承载力不是用其支柱的平均强度来衡量的，而是用其最薄弱的支柱的力量来衡量的，并随着后者力量的增强而一起增强；与此类似，一个社会的信心和资源是由其最薄弱部分的安全、资源和自信来衡量的，并随着它们的增长而增长。与"第三条道路"的倡导者的假设相反，社会正义与经济效率，以及对社会国家传统的忠诚与迅速实现现代化的能力（最重要的是，对社会凝聚力和团结的损害很小或根本没有损害），不需要两相取舍，也不会互不相容。相反，正如北欧国家的社会民主实践所充分展示和证实的那样，"追求一个更具社会凝聚力的社会，是通过共识实现现代化的必要前提"[102]。

"第三条道路"的倡导者和先驱者草率写下了明显过早的讣告，与之相反，如今的斯堪的纳维亚模式绝不是过去的遗迹，绝不是现在受挫的希望的遗物，也不仅仅是现在被大众共识认为过时的蓝图。委内瑞拉、玻利维亚、巴西和智利等新兴或复兴的社会国家，晚近取得了一系列胜利，表明"第三条道路"的根本原则是多么紧扣时势，多么具有活力，以及它激发人类想象力和激励人们采取行动的机会有多大。这些胜利逐渐且不懈地改变了西半球拉美地区的政治景观和民众情绪，带有"左勾拳"的所有特征，诚如沃尔特·本雅明所言，人类历史上所有真正的决定性打击往往是如此击出。无论在消费主义习惯的日常流动中多么难以感知到这一真相，这仍然是真相。

为了避免误解，有一点得明确，消费者社会中的

第四章 消费主义的附带损害

"社会国家"既不是作为消费选择原则的替代品被追求，也不是作为这种替代品被践行——正如它无论初衷还是实施都不是为了替代生产者社会中的"工作伦理"。那些拥有牢固确立的社会国家原则和制度的国家，恰好也是消费水平高得惊人的国家，正如在生产者社会中拥有牢固确立的社会国家原则和制度的国家，也是工业蓬勃发展的国家……

社会国家在消费者社会中的意义，就像它在生产者社会中的意义一样，都是保护社会免受"附带损害"，如果不对社会生活的指导原则加以监督、控制和约束，就会造成这样的损害。它的宗旨就是要保护社会，避免被排斥者、被抛弃者、底层阶级这样的消费主义"附带牺牲品"的队伍成倍增长。它的任务就是挽救人类的团结免于侵蚀，使伦理责任的情感免于衰微。

在英国，新自由主义对社会国家原则的攻击被推销给整个国族，这种攻击利用撒切尔夫人（Margaret Thatcher）的口号，仿佛从消费市场的宣传手册中逐字引用，并且肯定会让每一位消费者都听起来很顺耳："在我选择的时间,选择我想要的医生。"撒切尔夫人之后的历届保守党政府忠实地遵循了她设定的模式——就像约翰·梅杰（John Major）的"公民宪章"一样,该宪章将国族共同体的成员重新定义为心满意足的客户。

新自由主义"利己主义秩序"的巩固,是由"新工党"政府以"现代化"的名义进行的。随着岁月的流逝,此前就算有东西逃过了商品化,也很少能不受伤害地躲开现代化的热情。面对仍然未受影响的东西（仍然在消费市场范围之外的生活领域）的缺乏,往昔"业已现代化"的环境越来越多地成为新的一轮又一轮现代化的对象,放入更多的私人资本,融入更多的市场竞争。"现代化"不再被视为一劳永逸的操作,而是变成了各种社会政治制度的持续状况,进一步侵蚀了持久的价值,连同长远思维的审慎,并强化了充斥着不确定性、暂时性和"直到另行通知"状态的氛围。众所周知,消费商品市场就是靠这种氛围蓬勃发展的。

可以说,这是政府活动对新自由主义革命事业,以及对市场这只"看不见的手"不受挑战的统治所做出的最大贡献（之所以"看不见",是因为避开了观测、猜

第四章 消费主义的附带损害

测或预测其走势的所有努力，更不用说指导和矫正它的走势的努力了；这"手"牌是任何扑克玩家都梦寐以求的，完全可以期望它是打不烂的）。尽管有种种特殊印记，但一轮又一轮的现代化使这只看不见的手更加不可见，使它更加稳固地超出了现有的政治、民众和民主干预手段的范围。

悖谬的是（或者说根本没那么悖谬），这种政府活动最突出的附带损害就是政治领域本身，由于"分派"或"外包"了越来越多的以前在政治上指导和管理的职能，转而偏向明确不具有政治性的市场力量，政治领域被无情地削减和削弱。随着经济的私有化和去管制化全速推进，随着名义上的国有资产一个接一个地脱离了政治监管，随着用于集体需求的个人税收被冻结，满足这些需求所需的集体管理资源进而变得匮乏，"别无选择"这个作为一切事情的解释和遁词的咒语（撒切尔夫人的另一项遗产），不可阻挡地转向（更准确地说，被转向）某种自我实现的预言。

人们已经深入考察了这一过程，也详尽记录了它的走向，因此，没有必要重申那些已经成为公共知识的事情，或者至少是一旦受到关注就很有机会成为公共知

261

识的事情。话说回来，有的事情虽然值得它所能引起的所有关注，但在某种程度上被排除在公众关注之外，那就是几乎每一项"现代化"措施都扮演了某种角色，**持续地拆解和破坏着社会纽带与共同体凝聚力**——而正是这些资产，使英国的众生男女能够直面、对抗和处置消费主义"单一思想"（pensée unique）的新旧挑战，来自过去和守在未来的挑战。

撒切尔夫人有许多聪明和不那么聪明的想法将被人们铭记，其中就包括她发现了社会的不存在。"没有'社会'这样的东西……只有个体和家庭。"她如此宣称。但撒切尔夫人及其继任者做了更多的努力，才将她肆意放飞的想象重新塑造成对现实世界的相当精确的描述，从这个社会居民的经历**内部**即可看出。

肆意泛滥的、个体的、个体化的消费主义战胜了"道德经济"和社会团结，这并不是一个势在必得的结论。如果没有撒切尔夫人首先彻底清理建筑场地，就不可能建立起一个被粉碎成孤独的个体和（衰败的）家庭的社会。如果没有她在下述方面的一系列成功，就不可能建成这样的社会：她削弱了自我防卫的能力，削弱了需要集体防卫的那些人的结合，剥夺了缺乏能力者可

第四章 消费主义的附带损害

以用来集体恢复他们被剥夺或被他们个人丢失的力量的大部分资源；在地方自治实践中，同时严格限制"自我"和"政府"部分；将许多无私团结的表达变成应受惩罚的罪行；对工商企业和机关员工"去管制化"，曾经的社会团结的温室，变成相互猜疑的个体的聚合，以"人不为己，天诛地灭"（each man for himself and the devil take the hindmost）的风格，以《老大哥》或《智者为王》的风格[1]相互竞争；完成将自豪的公民的普遍权利转变为被指控"以纳税人为代价"生活的懒人或弃民的污名的工作。撒切尔夫人的种种创新不仅在后续历届政府中幸存下来，而且很少受到质疑，总体上完好无损。

同样幸存下来并得到加强的，是撒切尔夫人在政治

---

[1]《老大哥》（*Big Brother*）是1999年首播于荷兰的电视真人秀节目，后以诸多版本播出，风靡全球几十个国家。在该档社会实验类游戏真人秀中，一群陌生人以"室友"身份住进一间布满摄像机及麦克风的屋子，不分日夜，一举一动都被记录下来，剪辑处理后在电视上播出。选手们在比赛时间内进行提名、竞赛、投票、淘汰。最终留下来的人赢得大奖。《智者为王》（*The Weakest Link*）是2000年首播于英国的电视游戏节目，后传遍全球几十个国家并有众多本地版本。在该游戏节目中，各参赛者只有连续正确解答问题，才能获得最高奖金，犹如连环闯关。每回合参赛者会互相投票选出该回合的"最弱一环"，这个人会被主持人驱逐出局离场。——译者注

语言方面的许多创新。今天就像二十年前一样,英国政界人士的词汇里,只知道个体及其家庭是职责的主体,是合法关注的对象,而提到"共同体"时,绝大多数时候是称之为需要以家庭手工业模式解决"大社会"在政府指示下舍弃不管的问题的场所(例如,在被国营医疗机构放弃的智障人士的情况中,或针对那些被剥夺尊严的人,那些失业或就业不足、受教育程度低和没有前途的年轻人,需要防止他们"不可收拾",沦为祸害)。

随着越来越多的事情已成无法挽回的过去,撒切尔革命之前的世界几乎被年长者遗忘了,而年轻人更是从未体验过。对于那些已经忘记或从未体味过在另一个世界的生活的人来说,除了当下的选择,似乎确实别无选择……或者更确切地说,任何替代方案都变得几乎不可想象。

让关注新趋势的一些热心观察者赞叹不已的是,公民从现存的政治战场上大规模撤退,重新化身为消费者,而他们留下的真空,则被扬扬自夸的无党派和粗暴的非政治性"消费者行动主义"所填补。

第四章 消费主义的附带损害

然而，隐蔽的障碍在于，这种替代并没有扩大被动卷入和主动参与公共议题（具有被认为是城邦公民的决定性特征的品质）的"具有社会关切"的男女人群的队伍。正统政党不再被期望，更不用说被信任，代表其选民的利益，因此失去了公众的青睐。与其相比，新形式的行动主义吸引的选民人数较少，目前可以在竞选活动的热潮中成功动员。而且，正如弗兰克·弗雷迪所警告的那样："在冷漠和社会不介入的状况下，消费者行动主义蓬勃发展。"但它是否反击了不断蔓延的政治冷漠？公众对曾经被认为是共同和共享事业的事情漠不关心，它是否针对这种新趋势提供了解毒剂？弗雷迪说，需要清楚地看到：

> 消费主义对代议制民主的批判从根本上说是反民主的。它基于这样一个前提，即具有崇高道德宗旨的未当选的个体，相较于通过不完善的政治程序当选的政界人士，具有更大的代表公众行事的权利。环保主义活动家从自我选择的倡议团体网络中获得授权，他们所代表的选民范围要比民选政治家狭窄

得多。从其记录来看，针对民主问责制的真正问题，消费者行动主义的回应是彻底回避它，转而选择利益集团的游说。[103]

"基本可以肯定，消费者行动主义的增长与传统形式的政治参与和社会介入的衰微息息相关。"这是弗雷迪基于其材料详尽的研究得出的判定。然而，人们可能会怀疑，它是否促成了一种新式的社会参与，而且这种形式可以证明与"传统形式"过去的表现一样，能有效地奠定社会团结的基础，尽管那些"传统形式"有种种证据确凿的缺陷。

"消费者行动主义"是对政治日益祛魅的征兆。引用尼尔·劳森的话："由于没有其他任何可以依靠的，人们很可能会放弃集体主义的整个概念，从而放弃任何有关民主社会的意识，转而依靠市场（以及——让我补充一点——他们自己的消费技能和活动）作为供应的仲裁者。"[104]

诚然，迄今为止，证据还是模棱两可的。在2005年竞选活动开始时进行的一项调查表明："与普遍的看法相反，英国公众对政治并不冷漠。这是选举委员会和汉萨德协会[1]的一份新报告的结论,该报告发现,MORI[2]调查的受访者中,有77%对国家大事感兴趣。"[105]话说回来,它立即补充说:"这种仅仅感兴趣的比例很高,相比之下,认为他们对国家的运作方式真的有发言权的人,只有占27%的少数人。"因此,基于先例,人们可以推测(正如调查之后的选举所显示的那样),最终前往选举站的实际人数将介于这两个数字之间,更接近两者中的较低者。

宣称自己对报纸头版头条或电视"新闻资讯"上作为"国家事务"进行大规模报道的任何东西感兴趣的人,要远多于认为值得自己努力走到投票站,以便将选票投给供他们选择的政党之一的人。

此外,由于在一个信息过度饱和的社会中,头条新闻的作用主要是(而且是有效地)从公众记忆中抹去前一天的头条新闻,因此,所有被头条新闻重新塑造为"公共利益"的议题都只有微小的机会,从最近的民

---

1 "Hansard Society",即专门研究数字民主的慈善机构"伦敦国会议事录学会"。——译者注
2 "Market & Opinion Research International"(国际市场舆论研究公司)。——译者注

意调查之日，存活到最近的选举之日。最重要的是，在点彩时间的时代，这两件事——对在电视上或日报头版上看到的"国家大事"的兴趣，以及对现存民主进程的参与——就是不能在越来越多由公民转变而来的消费者脑海中凝结。第二件事是需要时间才能成熟的长期投入，似乎不是对第一件事的贴切回应，后者是另一种"资讯娱乐"（infotainment）事件，既没有过去的根基，也没有未来的立足点。

2004年3月23日的"卫报学生"（Guardian Student）网站提供的信息是："根据劳埃德TSB集团/《星期日金融邮报》学生专版的报道，约四分之三（77%）的大学一年级学生对参加政治抗议活动不感兴趣……而67%的大一新生认为学生抗议是无效的，没有任何作用。"该信息引用了《星期日金融邮报》学生专版编辑珍妮·利特尔（Jenny Little）的话说："今天的学生必须应对很多事情——获得好学位的压力，需要兼职工作来养活自己，需要获得工作经验以确保他们的简历在人群中脱颖而出……对于这一代人来说，政治掉到优先排序的末尾也就不足为奇了，虽说实际上，它从未比这个位置更重要。"

第四章 消费主义的附带损害

在一项专门针对政治冷漠现象的研究中，汤姆·德卢卡提出，冷漠本身并不是一个问题，而"更重要的是关于其他问题的线索，关于我们有多自由，我们真正拥有多少权力，我们可以公平地承担什么责任，我们是否得到了良好的服务……它意味着一个人承受的某种境况"[106]。政治冷漠"是一种心智状态或政治命运，是由种种你殊少控制，或许也殊少了解的力量、结构、制度或精英操纵所导致的"。德卢卡深入探讨了所有这些因素，为他所谓的"政治冷漠的第二张面孔"描绘了一幅切合现实的肖像——而根据各种政治学家的说法，"第一张面孔"就是对现有事态或行使自由选择权的满足感的表达，从更一般的层面上说〔正如伯纳德·贝雷尔森（Bernard Berelson）、保罗·拉扎斯菲尔德（Paul Lazarsfeld）和威廉·麦克菲（William McPhee）在1954年的经典研究《投票》（*Voting*）中所述，后来被塞缪尔·亨廷顿（Samuel Huntington）重新提及〕，是一种"有利于民主"的现象，因为"让大众民主发挥作用"。

然而，如果人们想要全面解读日益增长的政治冷漠提供线索并预示的那些社会现实，就需要超越"第二张面孔",汤姆·德卢卡正确地指出,"第二张面孔"本身被主流政治学学者不适当地忽略了,或者只是简单粗略地勾勒。人们需要回顾一下"民主"的早期含义,它曾经成为"被剥夺和受苦难的大众"的战斗口号,同样一批人,今天却放弃行使他们来之不易的选举权。他们首先是消费者,远远落在后面的第二选择(如果有的话)才是公民。要真正成为第一个角色,需要一定程度的持续警觉和努力,几乎没有时间去做第二个角色需要开展的活动。

由捷克文化部资助的布拉格电影学院学生菲利普·雷蒙达(Filip Remunda)和维特·克卢扎克(Vit Klusák)最近制作并执导了《捷克梦》,这是一部别具一格的电影:一场大规模的社会实验,而不仅仅是一部纪录片,也是对社会现实刻画的一次练习,很可能揭露隐藏在名声不佳的"电视真人秀"节目背后的虚构。

雷蒙达和克卢扎克在一场全国范围的攻势猛烈的广告宣传中宣布,即将开设一家新的超市。这场广告宣传本身由一家公关代理公司策划和实施,是营销艺术的杰作。它首先散布了一则据称严格保密的秘密的谣言:

第四章 消费主义的附带损害

目前正在一处密不告人的地点建造一座神秘的、非凡的消费主义殿堂，很快就会向顾客开放。在随后的各阶段，该宣传活动成功地故意干扰和破坏了观众的购物/消费习惯，要求他们反思他们日常平凡和单调的购物行为，从而将这些迄今为止未经审查的习惯性活动转化为需要思考的问题。这是通过激起宣传活动的"目标"停下来思考，并通过"停止花钱！"或"不要买"等口号来暗示，**延迟**（多么不寻常！）他们的满足感的时刻已经到来；然后通过泄露更多令人垂涎的信息片段，逐渐加强好奇心和兴奋感，这些信息片段的内容就是，如果同意推迟满足自己的欲望，直到神秘的全新超市开业，等待着这些人的会是别样的快乐。超市、它背后的公司及其标志，以及公司将要提供的奇迹，都是电影制作人无中生有的发明。但它们带来的兴奋和渴欲是相当真实的。

终于等到满城数百张海报揭晓，在约定的早晨、约定的地点，数以千计的消费者聚集在一起，准备采取行动，却只是面对着一片长长的无人打理、杂草丛生、未经修剪的草地，其另一端是一座色彩缤纷、装饰华丽的建筑。数以千计热切的消费者中的每一个都迫切地想在其他人之前到达大门，人群跑得气喘吁吁，满身冒汗，却只是到达了一个由巨大的脚手架支撑的彩绘外墙，显然是临时组装的，墙的背后，除了另一片同样未经修剪、无人打理、杂草丛生的草地外，什么都没有……

仿佛预言家的灵光闪现，整整半个世纪前，君特·安德斯就指出：

> 似乎可以说，没有什么比我们的某种无力感更能定义我们，定义当下的人类，即无法在精神上"紧跟"我们产品的进步，也就是无法控制我们自己的创造的节奏，并在未来（我们称之为我们所处的"现在"）重新占有已经掌握我们的那些工具……我们作为制造这些产品的人，并非完全不可能创造一个我们无法跟上步伐的世界，这个世界将完全超出我们的"理解力"、想象力和情感承受力，因为它将超出我们的责任能力。[107]

注　释

[1] 题词取自Pierre Bourdieu, *Pascalian Meditations*, Polity Press, Cambridge, 第242页。

[2] 参看Sean Dodson, 'Show and tell online', *Technology Guardian*, 2006年3月2日。

[3] 参看Paul Lewis, 'Teenage networking websites face anti-paedophile investigation', *Guardian*, 2006年7月3日。

[4] Eugène Enriquez, 'L'idéal type de l'individu hypermoderne: l'individu pervers?', 刊于Nicole Aubert主编的*L'Individu hypermoderne*, Erès, 2004, 第49页。

[5] 参看Nick Booth, 'Press 1 if you're poor, 2 if you're loaded...', *Guardian*, 2006年3月2日。

[6] 参看Alan Travis, 'Immigration shake-up will bar most unskilled workers from outside EU', *Guardian*, 2006年3月8日。

[7] 刊于*Le Monde*, 2006年4月28日发表的一篇访谈。

[8] Kracauer, *Die Angestellen*, 这些文章最初于1929年在*Frankfurter Allgemeine Zeitung*上连载, 并于1930年结集成书, 由Suhrkamp出版。此处引自Quintin Hoare的英译, Siegfried Kracauer, *The Salaried Masses: Duty and Distraction in Weimar Germany*,

Verso，1998，第39页。

[9] Germaine Greer，*The Future of Feminism*，Dr J. Tans Lecture，Studium Generale Universiteit Maastricht，2004，第13页。

[10] 参看Edmund L. Andrews，'Vague law and hard lobbying add up to billions for big oil'，*New York Times*，2006年3月27日。

[11] 参看Arlie Russell Hochschild，*The Time Bind: When Work becomes Home and Home becomes Work*，Henry Holt，1997，第xviii页至第xix页。

[12] Don Slater，*Consumer Culture and Modernity*，Polity，1997，第33页。

[13] Georg Simmel，'Die Grossstädte und das Geistesleben'（1902—1903）；此处引自Kurt H. Wolff的英译，'Metropolis and mental life'，刊于*Classic Essays on the Culture of Cities*，Richard Sennett编，Appleton-Century-Crofts，1969，第52页。

[14] 参看Bryan Gordon的访谈，*Observer Magazine*，2006年5月21日，第20页至第24页。

[15] 参看'Why today's singles are logging on in search for love at first byte'，*The Times*，2006年1月5日。

[16] Jennie Bristow，'Are we addicted to love?'，见www.spiked-online.com。

[17] Josie Appleton，'Shopping for love'，出处同上。

[18] 参看John Keane，'Late capitalist nights'，*Soundings*（2006年夏季号），第66页至第75页。

[19] Ivan Klima，*Between Security and Insecurity*，Thames and Hudson，1999，第60页至第62页。

[20] 参看John Brewer与Frank Trentmann合编的*Consuming Cultures*，*Global Perspectives*，Berg，2006。

[21] 参看Colin Campbell，'I shop therefore I know that I am: the metaphysical

basis of modern consumerism', 收于 *Elusive Consumption*, Karin M. Ekstrm与Helene Brembeck合编, Berg, 2004, 第27页后。

[22] 参看Max Weber, *Wirtschaft und Gesellschaft*, 此处引自A. R. Henderson与Talcott Parsons英译, *The Theory of Social and Economic Organization*, Hodge, 1947, 第110页。

[23] Mary Douglas, *In the Active Voice*, Routledge and Kegan Paul, 1988, 第24页。

[24] 参看Slater, *Consumer Culture and Modernity*, 第100页。

[25] 参看Stephen Bertman, *Hyperculture: The Human Cost of Speed*, Praeger, 1998。

[26] 参看Michel Maffesoli, *L'Instant eternal. Le Retour du tragique dans les sociétés postmodernes*, La Table Ronde, 2000, 第16页。

[27] 参看Nicole Aubert, *Le Culte de l'urgence. La Société malade du temps*, Flammarion, 2003, 第187页、第193页。

[28] Maffesoli, *L'Instant eternal*, 第56页。

[29] Franz Rosenzweig, *Star of Redemption*, William W. Hallo英译, Routledge and Kegan Paul, 1971, 第226页至第227页。

[30] 参看Michael Lövy, *Fire Alarm: Reading Walter Benjamin's 'On the Concept of History'*, Verso, 2005, 第102页至第105页。

[31] 参看Walter Benjamin, 'Theses on the concept of history', 收于 *Selected Writings*, Volume 4 (1938—1940), Edmund Jephcott等人英译, Harvard University Press, 2003。

[32] 参看Siegfried Kracauer, *History: The Last Things before the Last*, Markus Wiener, 1994, 第160页至第161页。

[33] Italo Calvino, *Invisible Cities*, William Weaver英译, Vintage, 1997, 第114页。（此处译文取自卡尔维诺《看不见的城市》, 张密译, 译林出版社, 2012年, 第113页, 略有改动。——译者注）

[34] 参看'Is recycling a waste of time?', *Observer Magazine*, 2006年1月15日。

[35] 参看Thomas Hylland Eriksen, *Tyranny of the Moment: Fast and Slow Time in the Information Age*, Pluto Press, 2001。

[36] 参看Ignazio Ramonet, *La Tyrannie de la communication*, Galilée, 1999, 第184页。

[37] Eriksen, *Tyranny of the Moment*, 第92页。

[38] Eriksen, *Tyranny of the Moment*, 第17页。

[39] 参看Bill Martin, *Listening to the Future: The Time of Progressive Rock 1968—1978*, Feedback, 1997, 第292页。

[40] Eriksen, *Tyranny of the Moment*, 第109页、第113页。

[41] Georg Simmel, *The Metropolis and Mental Life*, 此处引自Kurt Wolff 1950年的英译, 重印于*Classic Essays on the Culture of Cities*, Richard Sennett编, Appleton-Century-Crofts, 1969, 第52页。

[42] Rolland Munro, 'Outside paradise: melancholy and the follies of modernization', *Culture and Organization*, 4 (2005), 第275页至第289页。

[43] 此处引自George Monbiot, 'How the harmless wanderer in the woods became a mortal enemy', *Guardian*, 2006年1月23日。

[44] Thomas Mathiesen, *Silently Silenced: Essays on the Creation of Acquiescence in Modern Society*, Waterside Press, 2004, 第15页。

[45] 参看Zygmunt Bauman, *Individualized Society*, Polity, 2003, 以及*Liquid Love*, Polity, 2004。

[46] Colette Dowling, *Cinderella Complex*, PocketBook, 1991.

[47] 参看Arlie Russell Hochschild, *The Commercialization of Intimate Life*, University of California Press, 2003, 第21页以下。

[48] 参看Frank Mort, 'Competing domains: democratic subjects and

consuming subjects in Britain and the United States since 1945', 收于 *The Making of the Consumer: Knowledge, Power and Identity in the Modern World*, Frank Trentmann编, Berg, 2006, 第225页后。莫特引用了亨利中心的系列报告, *Planning for Social Change* (1986), *Consumer and Leisure Futures* (1997), 以及 *Planning for Consumer Change* (1999)。

[49] 参看Frank Trentmann, 'Genealogy of the consumer', 收于 *Consuming Cultures, Global Perspectives*, Brewer与Trentmann合编, 第23页后。

[50] 参看Zygmunt Bauman, *Work, Consumerism and the New Poor*, Open University Press, 2005, 第一章。

[51] Daniel Thomas Cook, 'Beyond either/or', *Journal of Consumer Culture*, 2 (2004), 第149页。

[52] 由Russell W. Belk转引自N. R. Shrestha, 见前者所著'The human consequences of consumer culture', 收于 *Elusive Consumption*, Karin M. Ekström与Helene Brembeck合编, Berg, 2004, 第69页。

[53] 参看Günther Anders, *Die Antiquiertheit des Menschen*, vol. 1: *Über die Seele im Zeitalter der zweiten industriellen Revolution*, C. H. Beck, 1956; 此处引自Encyclopédie des Nuisances出版的法译本, 2002, 第37页后。

[54] 同上引, 第16页。

[55] 引自Decca Aitkenhead, 'Sex now', *Guardian Weekend*, 2006年4月15日。

[56] 转引自Anne Perkins, 'Collective failure', *Guardian Work*, 2006年4月22日。

[57] Daniel Thomas Cook, *The Commodification of Childhood*, Duke University Press, 2004, 第12页。

[58] 参看Aubert, *Le Culte de l'urgence*, 第82页后。

[59] 下面所有引文均引自 *The Future of an Illusion and Civilization and its Discontents*，收于 James Strachey 所编的 *The Penguin Freud Library*，第12卷，Penguin，1991，第179页至第341页。

[60] 参看 Richard Rorty, 'The end of Leninism and history as comic frame', 收于 *History and the Idea of Progress*, Arthur R. Melzer、Jerry Weinberger 与 M. Richard Zinman 合编, Cornell University Press, 1995, 第216页。

[61] 参看 Patrick Collinson, 'Study reveals financial crisis of the 18–40s', *Guardian*, 2006年3月28日。

[62] 参看 Paul Krugman, 'Deep in debt, and denying it', *International Herald Tribune*, 2006年2月14日。

[63] Maffesoli, *L'Instant eternal*, 第40页至第41页。

[64] Douglas, *In the Active Voice*, 第24页。

[65] Vincent de Gaulejac, 'Le sujet manqué. L'Individu face aux contradictions de l'hypermodernité', 收于 *L'Individu hypermoderne*, Aubert 编, 第134页。

[66] Ellen Seiter, *Sold Separately: Children and Parents in Consumer Culture*. Rutgers University Press, 1993, 第3页。

[67] Aubert, *Le Culte de l'urgence*, 第62页至第63页。

[68] 参看 Alain Ehrenberg, *La Fatigue d'être soi*, Odile Jacob, 1998。

[69] Aubert, *Le Culte de l'urgence*, 第107页至第108页。

[70] Slater, *Consumer Culture and Modernity*, 第100页。

[71] 参看 Lesław Hostyński, *Wartości w świecie konsumpcji*. Wydawnictwo Uniwersytetu Marii Curie-Skłodowskiej, 2006, 第108页后。

[72] 参看 Pascal Lardellier, 'Rencontres sur internet. L'amour en révolution', 刊于 *L'Individu contemporain. Regards sociologiques*. ed. Xavier Molénat, Éditions Sciences Humaines, 2006, 第229页。

[73] 参看Keane,'Late capitalist nights',第66页至第75页。

[74] Eriksen, *Tyranny of the Moment*,第2页至第3页。

[75] 同上引,第vii页。

[76] Elżbieta Tarkowska, "Zygmunt Bauman o czasie i procesach temporalizacji",刊于*Kultura i Społeczeństwo*, 3 (2005),第45页至第65页。

[77] 参看Thomas Frank, *Marché de droit divin. Capitalisme sauvage et populisme de marché*, Agone (Marseille), 2003。

[78] 参看Jodi Dean, 'Communicative capitalism: circulation and the foreclosure of politics', *Cultural Politics*(2005年3月号),第51页至第73页。

[79] 参看Christopher Lasch, 'The age of limits', 见*History and the Idea of Progress*, Arthur M. Melzer、Jerry Weinberger与M. Richard Zinman合编, Cornell University Press, 1955, 第240页。

[80] 参看Kwame Anthony Appiah, *The Ethics of Identity*, Princeton University Press, 2005。

[81] Joseph Brodsky, *On Grief and Reason*, Farrar, Straus and Giroux, 1995, 第107页至第108页。(本段译文取自布罗茨基《悲伤与理智》,刘文飞译,上海译文出版社,2015,第114页。——译者注)

[82] Andrzej Stasiuk, *Tekturowy samolot*, Wydawnictwo Czarne, 2000, 第59页。

[83] Sławomir Mrożek, *Male listy*, Noir sur Blanc, 2002, 第123页。

[84] Kracauer, *History*, 第148页。

[85] 参看Francis Jauréguiberry, 'Hypermodernité et manipulation de soi', 见*L'Individu hypermoderne*, Aubert编, 第158页后。

[86] 刊于George Orwell, *A Collection of Essays*, Harcourt Brace

Jovanovich, 1953。

[87] 参看Martin Jay, 'The ambivalent virtues of mendacity', 刊于*Education and the Spirit of Time*, Olli-Pekka Moisio与Juha Suoranta合编, Sense, 2006, 第91页后。

[88] 参看J. Livingstone, 'Modern subjectivity and consumer culture', 刊于*Consuming Desires: Consumption, Culture and the Pursuit of Happiness*, S. Strasser、C. McGovern与M. Judt合编, Cambridge University Press, 1998, 第416页。此处转引自Belk, 'The human consequences of consumer culture', 第71页。

[89] Campbell, 'I shop therefore I know that I am', 第41页至第42页。

[90] 参看Hochschild, *The Commercialization of Intimate Life*, 第208页后。

[91] H. J. Gans, *The War against the Poor: The Underclass and Antipoverty Policy*, Basic Books, 1995, 第2页。

[92] A. Finkielkraut, *L'Humanité perdue. Essai sur le XXe siècle*, Seuil, 1996。

[93] 参看Daniel Leighton对Richard Sennett的访谈, 'The culture of the new capitalism', *Renewal*, 1 (2006), 第47页。

[94] N. Christie, *Crime Control as Industry*, Routledge, 1993.

[95] Gunnar Myrdal, *Economic Theory and Underdeveloped Countries*, Duckworth, 1957。

[96] K. Auletta, *The Underclass*, Random House, 1982, 第xiii页。目前美国关于底层阶级现象的大多数论辩的语言都大致符合爱德华·班菲尔德毫不妥协的言论："下层阶级的个人都是过一天算一天……冲动主宰着他的行为，要么是因为他无法约束自己牺牲现在来换取未来的满足，要么是因为他对未来毫无认识。因此，他从根本上是没有长远打算的；凡

注　释

是他不能立即消费的东西，他都认为是毫无价值的。他对'行动'的偏好优先于其他任何东西。"（E. Banfield, *The Unheavenly City: The Nature and Future of our Urban Crisis*, Little, Brown, 1968, 第34页至第35页）我们得指出，班菲尔德针对"底层阶级"的抨击听起来就像在非常准确地描述消费者社会中的"理想消费者"。在这里，就像在大多数其他讨论中一样，"底层阶级"成了汇聚在消费者饱受折磨的灵魂中游荡的恶魔的倾倒场。

[97] 奥莱塔的实地研究使他如此接近标准化处置的对象，以至于无法不注意到概化标签和整体分类在经验层面上的错误。他在书的结尾讲述了一则关于在权力协助下底层阶级被统合一体的漫长故事，指出："我从自己对于底层阶级和穷人的报道中学到的一大教训是，概以言之——就像汽车保险杠贴纸一样——是理解的敌人。一概而论'下层阶级'、'牺牲品'、'几乎消除'的贫困或政府就是'问题所在'，都是危险的行为。从三万英尺的高空看，每个人和每件事都像一只蚂蚁。"（Auletta, *The Underclass*, 第317页）。不出所料，这样的警告并没有得到重视。在新闻、政治和大众各方面的接受中，奥莱塔的研究又一次强化了底层阶级统合一体的形象。["保险杠贴纸"（bumper stickers），贴在汽车后保险杠上，多为彰显政治、宗教等方面立场的警句格言或幽默口号。——译者注]

[98] 同上引，第28页。

[99] L. M. Mead, *The New Politics of Poverty: The Nonworking Poor in America*, Basic Books, 1992, 第x页、第12页、第133页、第145页、第261页。

[100] 参看Belk, 'The human consequences of consumer culture', 第69页。

[101] 参看Hochschild, *The Commercialization of Intimate Life*, 第213页后。
[102] 参见*Sweden's New Social Democratic Model*, Compass, 2005, 第32页。
[103] Frank Furedi, 'Consuming Democracy: activism, elitism and political apathy', 见www.geser.net/furedi.html。
[104] Neil Lawson, *Dare More Democracy*, Compass, c.2000, 第18页。
[105] 参看www.politics.co.uk（2005年3月1日登录）。
[106] 参看Tom DeLuca, *The Two Faces of Political Apathy*, Temple University Press, 1995。
[107] 参看Anders, *Die Antiquiertheit des Menschen*; 此处转引自其法译本, *L'Obsolescence de l'homme. Sur l'âme à l'époque de la deuxième révolution industrielle*, Éditions Inrea, 2001, 第30页、第32页。

索 引

据原书第158至第160页索引,变外文字母音序为译名汉语拼音音序排列,页码为原书页码,即中译本页边码。

阿尔都塞,路易	Althusser, Louis	52
阿皮亚,奎迈·安东尼	Appiah, Kwame Anthony	110
埃里克森,托马斯·许兰德	Eriksen, Thomas Hylland	39–41, 104
埃利奥特,安东尼	Elliott, Anthony	101
埃利亚斯,诺伯特	Elias, Norbert	73
埃伦伯格,阿兰	Ehrenberg, Alain	94
艾肯黑德,迪卡	Aitkenhead, Decca	60–61
爱的物质化	materialization of love	120–121
安德斯,君特	Anders, Günther	58–60, 150

奥伯特，尼克尔	Aubert, Nicole	32, 68, 93–95
奥莱塔，肯	Auletta, Ken	134–136
奥斯瓦尔德，安德鲁	Oswald, Andrew	45
奥威尔，乔治	Orwell, George	4, 118
巴赫金，米哈伊尔	Bakhtin, Mikhail	75
巴特勒，塞缪尔	Butler, Samuel	44, 130
班菲尔德，爱德华	Banfield, Edward	156
鲍德里亚，让	Baudrillard, Jean	15, 109
贝尔克，拉塞尔·W	Belk, Russell W.	139
贝弗里奇勋爵	Beveridge, Lord	141
贝雷尔森，伯纳德	Berelson, Bernard	148
贝特森，格雷戈里	Bateson, Gregory	128
本雅明，沃尔特	Benjamin, Walter	33, 143
边沁，杰里米	Bentham, Jeremy	71
标志性形象	emblematic figures	83
伯特曼，斯蒂芬	Bertman, Stephen	31

索 引

不足情结	inadequacy complex	94–95
不遵从	nonconformity	94
布尔迪厄,皮埃尔	Bourdieu, Pierre	1, 89, 131
布鲁尔,约翰	Brewer, John	23
布罗茨基,约瑟夫	Brodsky, Joseph	112

持久的价值	duration, value of	85, 144
传统消费者	traditional consumer	46
纯粹关系	pure relationship	21–22

单调/无聊	boredom	87, 99, 130
道格拉斯,玛丽	Douglas, Mary	28, 83
道林,柯莱特	Dowling, Colette	49–50
德卢卡,汤姆	DeLuca, Tom	148–149
邓恩,约翰	Dunn, John	140
迪恩,乔迪	Dean, Jodi	108

底层阶级	underclass	122–125, 133–139, 143, 156–157
点彩时间	pointillist time	24, 32–35, 84, 104–105, 112, 114, 148
恩里克斯，欧仁	Enriquez, Eugène	3
法律上的消费者	consumers de jure	63–64
凡勃伦，索尔斯坦	Veblen, Thorstein	30
菲奇诺	Ficino	42
芬基尔克罗，阿兰	Finkielkraut, Alain	128
弗兰克，托马斯	Frank, Thomas	108
弗雷迪，弗兰克	Furedi, Frank	146–147
弗洛伊德，西格蒙德	Freud, Sigmund	43, 69–71, 73, 88
福柯，米歇尔	Foucault, Michel	74
附带损害	collateral damage	16, 107, 117, 119, 126, 143–144

索 引

甘布尔，吉姆	Gamble, Jim	3
甘斯，赫伯特·J	Gans, Herbert J.	123
戈勒雅克，文森特·德	Gaulejac, Vincent de	84
格里尔，杰梅茵	Greer, Germaine	7, 13
共同的善	common good	140
沟通拜物教	communication fetishism	108
归属	belonging	83, 142
规范性调控	normative regulation	88–90
过剩	excess	38, 47–49, 86

哈贝马斯，尤尔根	Habermas, Jürgen	7
黑格尔，弗里德里希	Hegel, Friedrich	72, 75
亨廷顿，塞缪尔	Huntington, Samuel	148
霍布斯，托马斯	Hobbes, Thomas	50, 70, 88, 90
霍克希尔德，阿莉·拉塞尔	Hochschild, Arlie Russell	9, 50, 120–121, 140
霍什詹斯基，莱斯瓦夫	Hostyński, Lesław	102

基恩，乔纳森	Keane, Jonathan	15, 103
吉登斯，安东尼	Giddens, Anthony	21
加利，W. B.	Gallie, W. B.	124
家庭价值观	family values	122
杰伊，马丁	Jay, Martin	118–119
紧急状态	emergency	93, 95–96
进步	progress	33, 97

卡尔维诺，伊塔洛	Calvino, Italo	37
卡莱尔，托马斯	Carlyle, Thomas	14
卡佩罗，伊夫	Chiapello, Eve	9
卡斯特，曼纽埃尔	Castells, Manuel	107
坎贝尔，柯林	Campbell, Colin	26, 120
科恩，斯坦利	Cohen, Stanley	117
克拉考尔，齐格弗里德	Kracauer, Siegfried	6–7, 33–34, 114
克拉克，查尔斯	Clarke, Charles	5
克里玛，伊凡	Klima, Ivan	22

索 引

克里斯蒂，尼尔斯	Christie, Nils	133
库克，丹尼尔·托马斯	Cook, Daniel Thomas	54, 63–64
快餐	fast food	78
快乐原则与现实原则	pleasure and reality principles	90–91
昆德拉，米兰	Kundera, Milan	84
垃圾处理/废物处置	waste disposal	21, 31–38, 47, 85–86, 97–98, 114, 132, 140
拉伯雷，弗朗索瓦	Rabelais, François	44
拉德利尔，帕斯卡尔	Lardellier, Pascal	103
拉莫内，伊尼亚齐奥	Ramonet, Ignazio	39
拉什，斯科特	Lash, Scott	107
拉图尔，布鲁诺	Latour, Bruno	14
拉希，克里斯托弗	Lasch, Christopher	109
拉雅尔，理查德	Layard, Richard	44–45
拉扎斯菲尔德，保罗	Lazarsfeld, Paul	148
劳森，尼尔	Lawson, Neil	147

289

勒南，厄内斯特	Renan, Ernest	73
勒维，迈克尔	Lövy, Michael	33
利己主义秩序	order of egoism	140, 143
利文斯通，J.	Livingstone, J.	120
列维纳斯，伊曼纽尔	Levinas, Emmanuel	50, 89–91
卢梭，让-雅克	Rousseau, Jean-Jacques	74–75
罗蒂，理查德	Rorty, Richard	72
罗森茨威格，弗朗茨	Rosenzweig, Franz	33
罗斯福，富兰克林·德拉诺	Roosevelt, Franklin Delano	141
洛斯卢普，克努兹	Løgstrup, Knud	89–90
马蒂森，托马斯	Mathiesen, Thomas	48
马丁，比尔	Martin, Bill	41
马费索利，米歇尔	Maffesoli, Michel	32, 82–83
马克思，卡尔	Marx, Karl	13, 49, 86
马斯洛，亚伯拉罕	Maslow, Abraham	45
麦克菲，威廉	McPhee, William	148

芒罗，罗兰	Munro, Roland	42
弥尔顿	Milton	42
米德，劳伦斯·B	Mead, Lawrence B.	138–139
莫特，弗兰克	Mort, Frank	51
默顿，罗伯特	Merton, Robert	119
缪尔达尔，冈纳尔	Myrdal, Gunnar	133
姆罗泽克，斯瓦沃米尔	Mrożek, Sławomir	113
腻烦态度	blasé attitude	41–42
帕森斯，塔尔科特	Parsons, Talcott	48, 99
帕斯卡尔，布莱叶	Pascal, Blaise	95
排斥	exclusion	56, 62, 65, 82, 133, 139–140, 143
普鲁斯特，马塞尔	Proust, Marcel	33–35
齐美尔，格奥尔格	Simmel, Georg	12, 17, 41–42, 65

去管制化	deregulation	49, 62, 89–92, 133, 144–145
群集	swarm	76–78
瑞泽尔，乔治	Ritzer, George	53
若雷吉贝里，弗朗西斯	Jauréguiberry, Francis	114–115
撒切尔夫人	Thatcher, Margaret	143–145
萨科齐，尼古拉	Sarkozy, Nicolas	5
塞特，艾伦	Seiter, Ellen	85
森内特，理查德	Sennett, Richard	130
商品拜物教	commodity fetishism	13–14, 19–20
商品化	commoditization	7–9, 14, 17, 57, 62, 67, 120
舍斯托夫，列昂	Shestov, Leon	103
社会（福利）国家	social (welfare) state	8, 140–143
身份	identity	49–50, 99, 106, 110–112, 114–116

生产者社会	society of producers	54, 69
生产者社会（定义）	society of producers (defined)	29–30
施米特，卡尔	Schmitt, Carl	65, 122
什雷斯塔，N. R.	Shresta, N. R.	139
私有化/私人化	privatization	8–19, 49–50, 144
私人化乌托邦	privatized utopia	50
斯莱特，唐	Slater, Don	11, 31, 98
斯塔西乌克，安杰伊	Stasiuk, Andrzej	104, 113
塔尔科夫斯卡，埃尔兹别塔	Tarkowska, Elżbieta	105
特伦特曼，弗兰克	Trentman, Frank	23, 53
涂尔干，埃米尔	Durkheim, Émile	57, 77, 88, 90
团结	solidarity	143–144
托夫勒，阿尔文	Toffler, Alvin	103
完美	perfection	86

网络	network	107
韦伯，马克斯	Weber, Max	24, 27, 98
文明化进程	civilizing process	73–74
吸取异议	dissent, absorption of	48
消费者社会（定义）	society of consumers (defined)	53
消费者行动主义	consumer activism	146–147
消费者主权	consumer sovereignty	21, 61, 64, 66
消费主义（定义）	consumerism (defined)	28, 85–86
消费主义文化（定义）	consumerist culture (defined)	52
新的开始	new beginnings	101–102, 112–114
信用卡	credit cards	79
幸福	happiness	42–46
虚拟社交	virtual socializing	115–116
衣帽间共同体	cloakroom community	111–112
遗忘	forgetting	96, 108

忧郁	melancholy	42
有缺陷的消费者	flawed consumers	4, 56, 65, 67, 99, 126, 132, 138–139
责任	responsibility	51, 91–92, 117
政治冷漠	political apathy	146, 148–149
中立化	adiaphorization	50, 92
主体性拜物教	subjectivity fetishism	14, 17, 19–21, 24
自曝社会	confessional society	3
尊重	respect	122

激发个人成长

多年以来,千千万万有经验的读者,都会定期查看熊猫君家的最新书目,挑选满足自己成长需求的新书。

读客图书以"激发个人成长"为使命,在以下三个方面为您精选优质图书:

1. 精神成长

熊猫君家精彩绝伦的小说文库和人文类图书,帮助你成为永远充满梦想、勇气和爱的人!

2. 知识结构成长

熊猫君家的历史类、社科类图书,帮助你了解从宇宙诞生、文明演变直至今日世界之形成的方方面面。

3. 工作技能成长

熊猫君家的经管类、家教类图书,指引你更好地工作、更有效率地生活,减少人生中的烦恼。

每一本读客图书都轻松好读,精彩绝伦,充满无穷阅读乐趣!

认准读客熊猫

读客所有图书,在书脊、腰封、封底和前后勒口都有"**读客熊猫**"标志。

两步帮你快速找到读客图书

1. 找读客熊猫

2. 找黑白格子

马上扫二维码,关注**"熊猫君"**

和千万读者一起成长吧!